OBSERVATIONS

SUR LA PROPOSITION DE LOI

Concernant les Tarifs de Chemins de fer

Présentée par M. PELLETAN

A LA CHAMBRE DES DÉPUTÉS

PARIS

IMPRIMERIE Ve ÉTHIOU PÉROU ET FILS

RUE DE DAMIETTE, 2 ET 4

1890

OBSERVATIONS

SUR LA PROPOSITION DE LOI

Concernant les Tarifs de Chemins de fer

Présentée par M. PELLETAN

A LA CHAMBRE DES DÉPUTÉS

L'honorable M. PELLETAN a déposé, au début de la session, sur le Bureau de la Chambre des Députés, une proposition de loi concernant les Tarifs de Chemins de fer. Cette proposition est, en ce moment, l'objet des études du Comité consultatif, qui a demandé aux Compagnies de lui soumettre les observations qu'elles croiraient avoir à présenter sur ce sujet.

Tel est l'objet de la présente note. La proposition de M. Pelletan est précédée d'un exposé des motifs très étendu, dans lequel l'auteur s'efforce de prouver, à l'aide de nombreux renseignements statistiques, l'état d'infériorité de la France vis-à-vis des autres nations, en comparant, soit les abaissements graduels des tarifs réalisés depuis une trentaine d'années (Chap. I), soit la taxe moyenne actuellement perçue pour le transport d'une tonne à 1 kilomètre (Chap. II). Considérant comme démontrée l'élévation relative de nos tarifs, M. Pelletan n'hésite pas à lui attribuer la décadence de notre production industrielle et agricole (Chap. III). Il cherche ensuite à établir (Chap. IV) qu'un abaissement des taxes amènerait infailliblement un relèvement des recettes, et dénonce enfin comme insuffisants (Chap. V et VI) les moyens dont dispose l'État en France pour exercer une influence sur la tarification.

Nous commencerons par suivre dans notre discussion l'ordre des chapitres de cet exposé et nous terminerons par l'examen détaillé de chacun des articles de la proposition de loi.

CHAPITRE PREMIER

L'auteur de la proposition de loi que nous sommes appelés à examiner pose en principe, au début de son exposé des motifs, que la décroissance du prix payé pour les transports est une loi naturelle résultant des progrès de l'exploitation technique et de l'extension normale du trafic. Il reproche aux Compagnies françaises d'être les seules de toute l'Europe qui y soient restées réfractaires.

Il est vrai que les taxes de transport se sont effectivement abaissées jusqu'ici, mais nous aurions bien des réserves à faire sur cette conception théorique de leur abaissement indéfini. Les facilités de service sans cesse réclamées par le public, l'augmentation continue du prix de main-d'œuvre, et bien d'autres causes, tendent au contraire à relever les prix de revient. En ce moment même, la hausse des charbons vient de modifier sensiblement les conditions d'exploitation des Chemins de fer. Nous nous bornerons à faire remarquer que si, comme le suppose l'honorable député, les progrès de l'exploitation technique et le développement du trafic peuvent permettre de réduire progressivement les taxes sur un Réseau déterminé, dont la composition reste constante, il n'en peut être de même lorsqu'en même temps le Réseau ne cesse de s'accroître par l'accession de lignes peu productives, accidentées, dont l'exploitation est par conséquent de plus en plus onéreuse. Or, c'est bien là ce qui s'est passé en France depuis 25 ans; les voies ferrées ont pénétré successivement dans des contrées de plus en plus pauvres et d'un accès de plus en plus difficile. Il en est résulté que le prix moyen de revient du transport d'une unité de trafic (voyageurs et marchandises) à 1 kilomètre, s'est accru sensiblement : il était de 2 c. 64 en 1866, de 2 c. 95 en 1877, de 3 c. en 1884 (1). La théorie de la possibilité d'un abaissement indéfini des taxes est donc loin d'être applicable dans notre pays.

Au surplus, l'honorable M. Pelletan n'y insiste pas longuement, et, passant sur le terrain des faits, il signale l'année 1860 comme le point de départ d'une évolution d'une importance considérable dans le régime des Chemins de fer européens, et il attribue aux Chemins de fer de l'État belge l'initiative de réformes de la plus grande hardiesse.

Nous ferons observer que, bien avant 1860, les Chemins de fer français étaient entrés largement dans la voie du progrès en apportant à leur tarification des remaniements qui avaient eu pour conséquence un abaissement sensible des taxes de transport. Le principe des tarifs différentiels qui a servi de base à la réforme belge avait été appliqué largement en France dès l'origine des Chemins de fer, d'abord dans des traités particuliers, puis, à partir de 1857, dans un grand nombre de tarifs spéciaux, et, dès 1858, dans les tarifs généraux de plusieurs Compagnies.

C'est ainsi que des traités particuliers reposant sur des prix différentiels à base décroissante de 0 fr. 05 c. à 0 fr. 02 c., selon la distance, étaient appliqués en 1885 au transport des plâtres à destination du Bordelais et de la Basse-Loire. D'autres traités basés sur le même principe faisaient descendre jusqu'à 0 fr. 03 c. la taxe kilométrique des marnes expédiées en Sologne. On pourrait, de même, citer de nombreux exemples de prix différentiels introduits à pareille époque dans les tarifs spéciaux. Ainsi, les vins, taxés normalement à 0 fr. 10 c. et ne payant plus que 0 fr. 06 c. et 0 fr. 05 c. à grande distance, sur les parcours de Bordeaux à Paris et à Nevers, de Nantes à Paris; les céréales, taxées normalement à 0 fr. 08 c. et bénéficiant d'un prix de 0 fr. 05 c. entre les villes de

---

(1) Picard, t. III, p. 624.

Paris, Nevers, Limoges, Bordeaux et Nantes; la houille, dont le prix était abaissé à 0 fr. 06 c. lorsque son parcours sur le Réseau d'Orléans dépassait 50 kilomètres; les fers bruts et fontes moulées de la Nièvre, qui payaient 0 fr. 05 c. par kilomètre pour Paris, Tours, Poitiers, Rochefort, et 0 fr. 04 c. seulement pour Angers, Nantes et Saint-Nazaire; les ardoises d'Angers, dont le Tarif kilométrique décroissait de 0 fr. 05 c. à 0 fr. 03 c. suivant la distance à parcourir.

L'introduction des taxes à base décroissante avec la distance, dans les tarifs français, avait eu pour conséquence une réduction importante du tarif moyen, comme l'indique le tableau ci-après (1) :

ANNÉES	TAXE KILOMÉTRIQUE MOYENNE pour l'ensemble des chemins de fer français en général
1855	7f.65
1856	7f.56
1857	7f.26
1858	7f.18
1859	7f.21
1860	6f.92
Diminution de 1855 à 1860.	0f.73, soit 10 %

Or, en Belgique la taxe moyenne était encore de 9 c. 46 en 1861, c'est-à-dire de 40 % supérieure à ce qu'elle était en France à cette dernière date (2).

On peut donc dire à bon droit que c'est nous et non la Belgique qui avons donné l'exemple.

---

(1) PICARD, t. IV, p. 485.

(2) *Rapports de l'État belge* : 1857, p. 47; 1860, p. 93; 1861, p. 90 et 53.

Mais si l'Administration belge n'a fait que suivre les Compagnies françaises dans cette voie, loin d'imiter la prudence de ses devancières, elle a voulu précipiter une réforme qui ne devait être faite que pas à pas. Les résultats obtenus ont-ils été si favorables que M. Pelletan l'indique? C'est ce qu'il importe d'examiner.

Si l'on se reporte aux Rapports publiés annuellement par le Ministère belge, on trouve que le tonnage P. V. à toute distance, qui était de 3,314,000 tonnes en 1859, pour un Réseau de 745 kilomètres, ce qui fait 4,450 tonnes par kilomètre, s'est élevé à 13,076,000 tonnes en 1872, pour un Réseau de 1,469 kilomètres, soit par kilomètre 8,900 tonnes. Il est donc vrai que le tonnage par kilomètre a doublé dans le cours de ces treize années. Mais il ne faut pas oublier que, précisément pendant la dernière année de cette période, le Réseau d'État s'est augmenté de 562 kilomètres de lignes riches rachetées à la Compagnie du Hainaut et ayant transporté 6,806,000 tonnes de marchandises, soit plus de 12,000 tonnes par kilomètre. La simple réunion de ces deux groupes de lignes en un seul a suffi à augmenter dans une proportion considérable le tonnage moyen transporté par kilomètre exploité, et il est inexact, par suite, d'attribuer cette augmentation à l'abaissement des taxes.

Dégagé de cette erreur de fait, l'exemple cité est encore intéressant à examiner.

En ne tenant pas compte des lignes du Hainaut, l'ancien Réseau belge a passé de 745 kilomètres à 907, de 1859 à 1872. Le tonnage s'est élevé de 3,314,000 à 6,270,000 tonnes correspondant, par kilomètre exploité, à 4,450 et à 6,913 tonnes. C'est une augmentation totale de 53 °/₀ en treize ans ou de 4 °/₀ par an. Telle est bien celle que l'on peut revendiquer comme appartenant à l'abaissement des taxes. Or, cet accroissement est celui qu'on constate généralement en France sur les recettes des lignes neuves, pendant les premières années d'exploitation; il n'a donc rien d'exceptionnel et on peut en citer des exemples bien autrement saisissants en France pendant la même période.

Ainsi, sur l'ancien Réseau du Nord, le tonnage était, en 1859, de 3,618 tonnes par kilomètre de chemin exploité. En 1872, il s'élevait à 9,506 tonnes, ayant à peu près quadruplé pendant cette période de treize ans, augmentant de 11 % par an.

A l'autre extrémité du pays, sur le nouveau Réseau du Midi, le nombre de tonnes transportées s'est élevé, par kilomètre de voie, de 1,275 à 2,422, augmentant ainsi annuellement de 6.7 %.

D'ailleurs, il ne faut pas perdre de vue que surtout dans les dernières années de la période considérée, en 1870, 1871 et 1872, le trafic à longue distance s'est considérablement développé en Belgique, grâce à l'accroissement énorme qu'a pris le port d'Anvers, au profit duquel ont été multipliés les tarifs de transit.

Ces tarifs permettent, en effet, de faire bénéficier les transports entre Anvers et la France, entre Anvers et l'Allemagne, de prix très bas, sans affecter en quoi que ce soit le trafic intérieur ni celui *d'exportation*. Ils contribuent donc, dans une large mesure, à l'augmentation de tonnage en même temps qu'ils font baisser la recette kilométrique.

Il s'en faut donc de beaucoup que la réforme belge ait eu sur le développement du trafic l'influence qu'indique M. Pelletan.

Les motifs auxquels est attribué l'abaissement de la taxe moyenne allemande, tombée de 6 c. 26 à 5 c. 10, de 1875 à 1887, ne sont pas davantage exacts.

Il est facile de le faire ressortir.

Rappelons d'abord que la réforme allemande a consisté dans l'adoption générale du système, dit naturel, dans lequel il est tenu compte surtout du poids de l'expédition, indépendamment de la valeur propre de la marchandise ; des tarifs très réduits sont appliqués aux expéditions de toute nature formant le chargement complet de wagons de 10 tonnes au moins ; d'autres, moins favorables, aux wagons complets de 5 tonnes; quant aux expéditions de détail, elles sont soumises à un barème unique très élevé (1).

Un pareil système devait naturellement donner lieu à la naissance d'une industrie accessoire, celle du groupeur, qui réunit les expéditions partielles de manière à en former le chargement d'un wagon complet, réduit les manutentions, les écritures et les responsabilités de l'Administration des Chemins de fer, et jouit, pour ces expéditions, d'un tarif réduit : une partie du bénéfice profite au groupeur; l'autre, celle qu'il convient à celui-ci d'abandonner, revient au client. (*Voir* à ce sujet l'annexe A, dans laquelle sont rassemblées toutes les indications relatives à l'industrie du groupage en Allemagne.)

On voit immédiatement que par la seule application du groupage, et indépendamment de toute réduction de tarif, la taxe moyenne, perçue par le Chemin de fer pour un travail rendu d'ailleurs plus facile, doit s'abaisser, puisque la proportion des expéditions taxées aux plus bas tarifs augmente, sans que la taxe payée par le public diminue d'autant. C'est ce que les chiffres de la statistique démontrent d'une façon frappante.

Il n'y a donc aucune analogie entre la taxe de 1876, représentant exactement le prix payé par le public pour ses transports, et celle de 1882, qui n'en représente qu'une partie, le surplus étant payé directement par le public à des intermédiaires obligés, les groupeurs, et ne figurant pas, par suite, dans les statistiques de l'Administration.

Nous verrons d'ailleurs plus loin (pages 24 et 25), que cette taxe moyenne, même ainsi fictivement réduite, n'est pas inférieure à celle de la France pour toutes les marchandises autres que la houille.

Si nous passons maintenant à l'Autriche, nous sommes loin

(1) *Voir* l'annexe A. En 1888, d'après le compte rendu des Chemins de fer de l'État prussien, la taxe moyenne des expéditions de détail a été de 16 c.; celle des marchandises en wagons complets de 5 tonnes, de 8 c.; enfin, celle des chargements complets de 10 tonnes, de 3 c. 7.

d'être d'accord avec l'auteur de la proposition, lorsqu'il déclare que de 1880 à 1886 la taxe moyenne des Chemins de fer de ce pays s'est réduite de 6 c. 78 à 5 c. 15, soit de près de 25 %.

D'après le *Bulletin du Ministère des Travaux publics* de 1882 (tome 5, page 247), la recette moyenne par tonne kilométrique sur l'ensemble des Chemins autrichiens et austro-hongrois, c'est-à-dire de ceux auxquels M. Pelletan fait allusion, est de 3 kreutzers en 1880. Pour 1886, la taxe indiquée dans le *Bulletin du Ministère des Travaux publics* (nº de Mars 1890) est de 2 kr. 62.

L'écart avec 1880 est donc de 0 kr. 38 ou de 13 % et non pas de 25 %, comme le fait ressortir l'exposé des motifs que nous examinons.

D'où provient cette différence alors que les chiffres cités de part et d'autre sont puisés aux mêmes sources? Tout simplement de ce que M. Pelletan transforme dans son calcul les kreutzers en centimes; et profitant de ce que de 1880 à 1886 le change du kreutzer s'est abaissé de 2 c. 12 à 1 c. 99, il met au compte des abaissements de tarifs une perte de change, qui en est tout à fait indépendante, et qui ne profite en rien au public autrichien, puisque pour ce dernier la valeur nominale du kreutzer n'a pas changé. Pour faire disparaître toute équivoque dans la comparaison des taxes autrichiennes avec les nôtres, il convient de prendre pour le florin et le kreutzer la valeur nominale que leur attribue la statistique internationale et qui est adoptée dans les comptes, aussi bien en recettes qu'en dépenses, c'est-à-dire 2 fr. 50 c. pour le florin et 2 c. 5 pour le kreutzer.

Ainsi évaluée, la taxe par tonne kilométrique s'élevant en 1880 à 7 c. 50 pour les Chemins autrichiens et communs, était encore en 1886 de 6 c. 55, soit 0 c. 61 plus forte que celle de l'ensemble des Réseaux français.

Ajoutons que le groupage existe en Autriche comme en Allemagne, bien que contenu dans des limites plus étroites, et rappelons qu'il en résulte nécessairement, par l'effet de la seule répartition du tonnage entre les diverses classes du tarif, un abaissement de la taxe moyenne dont le public ne tire qu'un faible profit.

En ce qui concerne les Pays-Bas, la taxe de 3 c. 78, indiquée dans l'exposé des motifs comme correspondant à l'exercice 1883, est en désaccord avec les renseignements donnés dans le *Bulletin du Ministère des Travaux publics* (Novembre 1886, p. 461), d'après lesquels la taxe moyenne aurait été de 4 c. 01 en 1881, 5 c. 25 en 1882, 4 c. 20 en 1883. Mais, sans s'arrêter à discuter ces chiffres, on peut faire remarquer que la chute brusque de la taxe moyenne qui eut lieu en 1880 (6 c. 5 en 1879, 4 c. 4 en 1880) (1), tient à deux causes principales :

En premier lieu, le transport des marchandises par wagon complet a pris un développement considérable, comme le fait ressortir le tableau comparatif suivant (2) :

	1879	1880
Longueur moyenne exploitée	1,813 kilom.	1,845 kilom.
Tonnage par wagons complets	2,805,000 t.	3,956,000 t.
Tonnage des autres marchandises en grande et en petite vitesse	1,372,000 t.	1,473,000 t.

Ainsi la longueur exploitée restant à peu près la même, le tonnage des marchandises taxées au wagon a augmenté de 1,151,000 tonnes ou de 45 °/₀, alors que celui des autres marchandises n'augmentait que de 101,000 tonnes ou de 7 °/₀. Le système de tarifs des Pays-Bas étant celui dit naturel ou d'Alsace-Lorraine,

(1) A. Jacqmin, *Chemins de fer des Pays-Bas*, p. 87.

(2) *Bulletin du Ministère des Travaux publics*, Mars 1884, p. 283.

dans lequel les marchandises manutentionnées et chargées aux frais et par les soins de l'expéditeur lui-même, par wagon complet, jouissent de prix relativement très réduits, on conçoit immédiatement que la taxe moyenne générale a dû s'abaisser dans une notable proportion, indépendamment de toute modification de tarifs.

En second lieu, d'après le Rapport aux actionnaires de la Société d'Exploitation des Chemins de fer de l'État, pour l'année 1880, des tarifs de transit, extrêmement réduits, ont été établis pendant cet exercice, ainsi que nous l'avons expliqué à propos de la Belgique, pour conserver le trafic que le Gouvernement allemand cherchait à détourner. Enfin, pour développer son trafic, la Société a fait un grand usage des traités particuliers à prix réduits. Ces mesures ont contribué à l'abaissement de la taxe moyenne, sans profiter cependant à la généralité du public hollandais.

Faisons remarquer en passant que la redevance payée par la Société fermière à l'État ne représente qu'environ 1 % du capital d'établissement. Les Chemins de fer hollandais ne sont donc pas dans le cas d'être cités comme un exemple encourageant.

Comme dernier exemple des abaissements de tarifs obtenus à l'étranger, l'Exposé des motifs cite les États-Unis, où la taxe s'est abaissée à 3 c. 32, et où certaines Compagnies ont réduit en quinze ans leur taxe moyenne de 10 c. à 2 c.

Ces réductions sont réelles; mais ce n'est pas par intérêt pour les besoins du commerce et de l'industrie que les Compagnies américaines les ont consenties : c'est uniquement dans un but de concurrence, pour anéantir les entreprises rivales qui leur disputaient le trafic.

Dans ce pays, où les chartes des Compagnies leur attribuent une liberté inconnue sur le continent, où la construction des voies ferrées est pour ainsi dire de droit commun, l'Administration bornant en quelque sorte son rôle à un simple enregistrement, et où par suite les concessions se sont multipliées au point de desservir certaines régions par plusieurs lignes parallèles appartenant à des Compagnies différentes, la concurrence a amené nécessairement des guerres de tarifs et provoqué des réductions souvent inouïes, disproportionnées, sans autres limites que la ruine complète de l'une des entreprises en compétition.

Ces luttes ont eu des conséquences désastreuses pour l'industrie, tant par suite de l'extrême mobilité des tarifs que des traités de faveur consentis à des particuliers, dans le but de s'assurer leur clientèle. Certains exemples en sont restés célèbres :

Telle Société d'élévateurs de grains de l'Iowa provoqua, grâce aux taxes de transport, la faillite de ses cinq rivales ; la Compagnie d'huile de pétrole « Standard Oil et Cie » put, de la même manière, ruiner soixante-dix-neuf concurrents et rester maîtresse du marché (1). Les Compagnies de Chemins de fer ont d'ailleurs été les premières victimes de cette guerre de tarifs ; sur vingt-quatre lignes créées dans l'Ouest de l'Amérique, vingt ont fait faillite dans l'espace de douze années. En 1876, trente lignes de Chemins de fer, d'une longueur totale de 6,192 kilomètres, ont été vendues par autorité de justice ; en 1877, cinquante-quatre, 6,238 kilomètres ; en 1878, quarante-huit, 6,212 kilomètres ; en 1879, soixante-cinq, 8,000 kilomètres (2). Même les Compagnies les plus importantes et les plus solides, comme le « Baltimore and Ohio Railway » ou le « Pensylvania R. R. » ont dû, à certaines époques, cesser toute distribution de dividende.

Bref, les effets de cette concurrence ont été tels, qu'une Association importante (l'« Inter state Commerce Railway Association ») s'est formée en vue d'y mettre fin (3). La conséquence d'un pareil accord sera, vraisemblablement, le relèvement des tarifs. Quoi qu'il en soit, nous n'avons certainement pas à envier à l'Amérique le régime qui

(1) *Revue des Chemins de fer*, Septembre 1887, p. 162.

(2) Picard, t. Ier, p. 190.

(3) *Bulletin du Ministère des Travaux publics*, Février 1889, p. 223.

a prévalu jusqu'ici pour ses Chemins de fer, ni, par suite, les abaissements de taxes désordonnés qui en ont été le résultat.

D'autre part, il y a lieu de considérer que les abaissements de taxes opérés aux États-Unis portent sur le transport des marchandises et que les tarifs des voyageurs restent très élevés : le produit moyen kilométrique d'un voyageur était en effet, en 1885, de 7 c. 104 en Amérique, tandis qu'il n'était en France que de 4 c. 660, impôt déduit.

Si les Compagnies percevaient en France une taxe de 7 c. 10 par kilomètre pour le transport des voyageurs, ou seulement si elles encaissaient pour leur compte le produit de l'impôt dont les transports de grande vitesse sont grevés au profit du Trésor, et si, d'autre part, la dépense faite pour l'établissement des voies ferrées ne dépassait pas 180,000 francs par kilomètre comme aux États-Unis, la taxe moyenne à demander pour le transport d'une tonne de marchandises à un kilomètre pourrait, sans troubler la situation financière des Compagnies, descendre ici à 3 c. 32, comme en Amérique.

Revenant à la France, M. Pelletan affirme que les tarifs de nos grandes Compagnies n'ont subi aucune réduction depuis 1865; il fait toutefois exception pour le Réseau d'État, qui a donné un exemple analogue à celui de l'Allemagne et de l'Autriche, en abaissant sa taxe moyenne de 7 c. 82 à 5 c. 35, dans l'espace de trois années.

Nous examinerons par la suite (page 45) les conséquences des abaissements de tarifs opérés sur le Réseau d'État français : pour le moment, nous nous bornerons à faire remarquer qu'en 1879, alors que la taxe moyenne du Réseau d'État était de 7 c. 82, sur le nouveau Réseau de la Compagnie d'Orléans, qui dessert les mêmes régions, elle ne dépassait pas 5 c. 81. Les abaissements réalisés sur le Réseau d'État ont donc eu pour point de départ des tarifs beaucoup plus élevés que ceux de l'Orléans.

Mais, sans vouloir insister davantage sur ce point, nous passons aux critiques que M. Pelletan adresse aux Compagnies de Chemins de fer français.

Après avoir constaté que la taxe moyenne avait subi en France une diminution constante et considérable jusqu'en 1855, l'honorable député ajoute que cette diminution a cessé dix ans après, vers 1865, dès que le monopole des grandes Compagnies a été en sécurité. Si les réductions de tarifs ont été plus modérées dans la période postérieure à 1865, c'est que les Compagnies avaient dû, à cette époque, concourir à l'extension du Réseau, et que les charges qu'elles avaient assumées leur apparaissaient nettement. D'un autre côté, le trafic qui alimentait chaque kilomètre exploité, après s'être développé, subissait une dépression importante au fur et à mesure que le Réseau s'étendait sur les régions pauvres du pays. On comptait 418,689 tonnes à la distance entière en 1866, lorsque le Réseau comprenait 13,915 kilomètres, et seulement 397,992 tonnes deux ans après, lorsque le Réseau était porté à 15,854 kilomètres. Depuis cette époque, la diminution a continué, sauf pendant une courte période de grande prospérité générale, et le Réseau n'était plus parcouru que par 328,142 tonnes en 1885, lorsqu'il était exploité sur 29,839 kilomètres.

Dans ces conditions, alors que la garantie d'intérêt accordée par l'État, pour assurer aux Compagnies un crédit sans lequel l'extension du Réseau pouvait être compromise ou tout au moins ajournée, rendait les Compagnies débitrices de sommes considérables, tout essai de réduction comportant un aléa devait être forcément ralenti.

Cependant, malgré ces conditions défavorables, les six grandes Compagnies n'ont pas cessé de réduire leurs taxes, contrairement à l'affirmation de M. Pelletan.

Si on compare, en effet, les taxes moyennes perçues en 1865 (1),

---

(1) Picard, t. IV, p. 185.

et celles qu'indiquent les documents les plus récents (1), on constate les différences suivantes :

	1865	1889	DIFFÉRENCE EN MOINS	
Nord	6f 05	4f 85	1f.20	20 °/o
Est	5.73	5.21	0.52	9 —
Ouest.	6.32	6.01	0.31	5 —
Orléans.	6.32	6.06	0.26	4 —
Paris-Lyon-Méditerranée . .	5.80	5.34	0.46	8 —
Midi	6.92	6.38	0.54	8 —

Le tarif moyen a donc baissé sensiblement depuis 1865.

En ce qui concerne particulièrement les nouveaux tarifs adoptés par les Compagnies, en exécution des engagements contractés lors des Conventions de 1883, ce serait une erreur de croire que les signataires de ces Conventions avaient pour but l'abaissement général des taxes.

Les Conventions ont augmenté considérablement les charges des Compagnies en leur imposant l'obligation doublement onéreuse de contribuer financièrement à l'exécution de lignes nouvelles et d'assurer l'exploitation de ces lignes dont le trafic est insignifiant. Dans ces conditions, on ne pouvait exiger d'elles une réduction de leurs tarifs, alors qu'on leur imposait une augmentation de dépenses, et il n'est entré dans la pensée d'aucune des parties contractantes de poursuivre une diminution d'ensemble des taxes, tous les sacrifices à faire devant être consacrés à l'exécution du troisième Réseau.

(1) Comptes rendus des Compagnies aux actionnaires, pour l'année 1889.

C'est ce que dit expressément l'exposé des motifs qui accompagnait le projet de loi de 1883 : « L'achèvement du Réseau, l'allè-
« gement des charges financières de l'État et l'augmentation de la
« part de l'État dans les excédents avaient dominé nos préoccupa-
« tions. La question de tarifs ne pouvait donc, dans nos négocia-
« tions, avoir une part aussi large que nous l'eussions désiré. Il
« était impossible, en effet, d'obtenir à la fois des Compagnies :
« des travaux, des excédents, de larges réductions de tarifs et l'in-
« tervention de l'État dans la fixation des tarifs. »

Toutefois, quoi qu'on en puisse dire, les nouveaux tarifs sont, dans leur généralité, plus bas que les anciens.

Ils comportent, notamment, des réductions importantes pour les matières premières nécessaires à l'industrie, telles que la houille, les minerais, les matériaux de construction, pour les engrais et pour les produits agricoles. Nous en donnerons plus loin (Chap. III, page 31) plusieurs exemples. D'ailleurs, les Rapports présentés au Comité consultatif en vue de l'homologation des nouveaux tarifs ont constaté ces abaissements d'une façon indiscutable, et il suffit de se reporter à ces documents pour être convaincu des avantages de prix que la réforme des tarifs a procurés au public.

On peut en donner une idée en rapprochant les tarifs moyens perçus en 1884 et 1889 :

	1884	1889	DIFFÉRENCE EN MOINS	
Nord	5c. 40	4c. 85	0c. 55	10 %
Est	5. 66	5. 21	0. 45	8 —
Ouest	6. 23	6. 01	0. 22	8 —
Orléans	6. 36	6. 06	0. 30	5 —
Paris-Lyon-Méditerranée	5. 53	5. 34	0. 19	4 —

Il n'est d'ailleurs pas inutile de faire remarquer ici que l'influence des fractions de centimes, jugée par M. Pelletan dérisoire et insignifiante pour les taxes françaises, a été considérée, par lui-même comme énorme à propos des Réseaux étrangers (page 5 de l'exposé des motifs); c'est évidemment cette dernière opinion qui est exacte.

Pour un trafic total de plus de 10 milliards de tonnes kilométriques, transportées sur le Réseau français en 1888, un abaissement de un dixième de centime représente plus de 10 millions de francs, un abaissement de un demi-centime représente plus de 50 millions de francs, gagnés par le commerce national.

CHAPITRE II

Dans ce second Chapitre, l'auteur de la proposition de loi aborde la comparaison des tarifs actuellement en vigueur en France et à l'étranger.

Il récuse *à priori* l'exemple des Réseaux italiens, espagnols, suisses et anglais, reconnaissant que les tarifs pratiqués dans ces différents pays sont incontestablement plus élevés que les nôtres. Il justifie d'ailleurs cette différence dans les prix de transport, au moins pour l'Italie, l'Espagne et la Suisse, par la moindre densité du trafic; quant à l'Angleterre, ses tarifs exorbitants seraient cause, en grande partie, de la décadence passagère du commerce et de l'industrie de ce pays. Remarquons, en passant, que l'élévation des taxes anglaises n'a pas empêché le trafic de se développer; la preuve en est dans le rapprochement ci-après :

		1878	1888
		kil.	kil.
Longueur exploitée		27,906	31,897
		f.	f.
Recette kilométrique.	Voyageurs	24,094	24,352
	Marchandises	29,968	30,372
	Totale	54,170	54,968
Augmentation kilométrique		»	798

Limitant sa comparaison à l'Allemagne, à la Belgique, à l'Autriche et aux Pays-Bas, l'honorable député s'attache à prouver, en rapprochant de part et d'autre les taxes moyennes perçues pour le transport d'une tonne à 1 kilomètre, que nos tarifs sont, d'une manière générale, plus lourds que ceux des pays voisins, et nous condamnent à un état d'infériorité manifeste dans la lutte contre nos concurrents.

C'est avec beaucoup de raison que M. Pelletan tient compte de l'influence de la densité du trafic sur la fixation des prix de transport; mais, si ce principe le conduit à écarter du débat l'Espagne, l'Italie, la Suisse, dont le trafic ne représente guère que les 2/5 du nôtre, il devrait aussi l'amener à reconnaître que dans la comparaison établie entre la France, l'Angleterre et les nations du centre de l'Europe, les conditions ne sont pas égales. La quantité des marchandises qui parcourent l'ensemble des Réseaux français à la distance entière est de 320,000 tonnes seulement, alors que les Chemins allemands transportent 433,500 tonnes, les Chemins belges 465,900 tonnes, le Réseau britannique, enfin, 493,900 tonnes environ.

Pour ce seul motif, il n'y aurait rien d'anormal à ce que les Compagnies françaises fussent dans l'obligation de maintenir leurs tarifs à un niveau plus élevé.

D'autre part, le montant du capital de premier établissement de nos lignes rapproché du tonnage transporté, qui doit en assurer la rémunération, justifierait également la nécessité de subir des tarifs moins favorables.

Le coût de la construction ressort en effet :

En France,	à 326,685	francs par	kilomètre;
En Allemagne,	à 320,250	—	—
En Belgique,	à 400,385	—	—
En Angleterre,	à 655,800	—	—

Sur ces données, et connaissant le nombre total des tonnes

kilométriques de chaque pays, on calcule que *pour chaque million dépensé* :

La France transporte	980,000	tonnes	à 1 kilomètre ;
L'Allemagne —	1,355,000	—	—
La Belgique —	1,162,000	—	—
L'Angleterre —	749,000	—	—

Nous ne parlons pas des États-Unis, que M. Pelletan laisse ici en dehors de son argumentation, et qui ont la bonne fortune de transporter 2,404,000 tonnes kilométriques pour chaque million de dépenses de premier établissement.

Ces chiffres démontrent que la France a beaucoup moins de trafic de marchandises que l'Allemagne et la Belgique ; et ceci est vrai à la fois d'une manière absolue, et relativement au capital engagé.

Théoriquement, il nous faudrait donc, au même titre et pour les mêmes raisons que l'Angleterre, nous résigner à supporter des tarifs comparativement plus élevés.

Cependant, malgré toutes ces conditions défavorables, nous n'hésitons pas à affirmer que les taxes des Compagnies françaises ne sont pas, dans leur ensemble, supérieures à celles de l'étranger, et nous pensons l'établir clairement, si l'on veut bien tenir compte, comme l'a dit M. Picard dans son *Traité des Chemins de fer*, de ce qu'on voit et de ce qu'on ne voit pas.

Tout d'abord, convient-il d'accorder confiance à la méthode qui consiste à comparer les taxes moyennes générales, si les trafics mis en parallèle n'ont pas la même composition, si la proportion des matières lourdes et de peu de valeur, voyageant à des prix très bas, par rapport à la masse des marchandises transportées, est très différente suivant les pays ?

Un exemple fera comprendre combien cette méthode est défectueuse en pareil cas.

Sur 100 tonnes transportées à 1 kilomètre, on compte en France 24 tonnes de houille et 76 tonnes de marchandises diverses ; en

Allemagne 53 tonnes de combustible et 47 tonnes d'autres marchandises.

En supposant que les tarifs pour chacune des deux catégories de marchandises soient les mêmes dans les deux pays (3 c. 3 pour la houille et 6 c. 8 pour les autres marchandises, chiffres qui diffèrent peu des taxes en usage), et en les appliquant au trafic ainsi divisé, on arriverait à une taxe moyenne de 5 c. 96 pour la France et 4 c. 95 pour l'Allemagne. Ainsi, les mêmes prix perçus, le même traitement appliqué se traduisent dans les taxes moyennes par un écart considérable (21 %), par ce fait seul que les combustibles minéraux n'entrent pas pour une même proportion dans le trafic des deux pays.

On voit à quelles erreurs on s'expose par la comparaison pure et simple des taxes moyennes générales.

M. Pelletan avoue que cette méthode prête à la critique; mais il fait remarquer que, si l'on veut en adopter une autre, extraire par exemple des tableaux des tarifs et mettre en parallèle quelques-uns des prix appliqués de part et d'autre, on s'expose à des objections non moins sérieuses. Il faudrait alors tenir compte de la longueur des parcours habituels de la marchandise, pour connaître à quelle distance les tarifs examinés sont ordinairement applicables. Il faudrait aussi avoir égard aux conditions particulières des transports et aux frais accessoires, qui n'apparaissent pas toujours dans les tarifs. C'est ainsi que lorsqu'on veut déterminer les prix effectivement payés par les expéditeurs allemands, on ne saurait oublier que les tarifs mettent à leur charge, en sus des prix taxés, des frais de chargement, déchargement, bâchage, camionnage, primes d'assurance, sans parler des bénéfices qui restent aux mains des intermédiaires. Nous aurons à revenir sur cette importante question.

Nous reconnaissons volontiers les difficultés que présentent de telles comparaisons, mais il n'en est pas moins vrai que, malgré ces difficultés, qu'il est d'ailleurs possible de surmonter, la méthode la plus sûre est de comparer entre eux les tarifs effectivement appliqués dans les divers pays à la même nature de marchandises, et dans des conditions autant que possible identiques.

Lorsque nous constatons, par exemple, que les houilles du Nord, qui se transportent par milliers de wagons, payent au départ de Lens, de Somain, de Valenciennes jusqu'à Paris (distances : 210, 219 et 227 kilomètres) un prix de 7 fr. 40 c. par tonne, alors que les charbons allemands supportent :

			Par 5,000 k. TARIF II	Par 10,000 k. TARIF III
D'Aix-la-Chapelle à Arsberg.	211 kilom.	Fr.	10. »	7.50
— Gresenburg.	220 —		10.40	7.30
D'Herbesthal à Horstmar. .	226 —		10.63	8. »

On est bien forcé de s'incliner devant de pareils chiffres, et de conclure qu'en l'espèce les Allemands ne jouissent pas de tarifs plus bas que les nôtres.

Laissons cependant ces sortes de rapprochements que M. Pelletan qualifie de « dérisoires » et suivons l'honorable député sur le terrain de la comparaison des taxes moyennes en France et en Allemagne. Il y a un moyen de rendre cette comparaison équitable : c'est d'éliminer de part et d'autre ce qui différencie surtout le trafic, c'est-à-dire la houille, qui est transportée, comme nous l'avons vu, en proportion très différente dans les deux pays. En opérant de cette manière, à l'aide des chiffres fournis par les statistiques de 1886, la taxe moyenne afférente à l'ensemble des marchandises autres que la houille ressort à 6 c. 42 sur les Chemins allemands et à 6 c. 53 sur les Réseaux français (1). L'écart est déjà faible ; mais que devient-il si l'on fait état des frais supplémentaires pour assurances, chargement, bâchage, etc., que les Chemins allemands écartent du principal de leurs recettes et comprennent dans un chapitre spécial, ou des frais payés à des tiers (2) que les statistiques ignorent, et qui n'en grèvent pas moins l'expéditeur?

Ajoutons qu'en 1889, la taxe moyenne perçue sur les marchan-

(1) *Bulletin du Ministère des Travaux publics*, Juin 1888, p. 646; *Statistique du Ministère des Travaux publics*, pour 1886, tableaux 12 et 16.

(2) Voir l'annexe A, dans laquelle on a rassemblé tous les faits relatifs à l'industrie du groupage.

dises autres que la houille, sur le Réseau du Nord, très semblable par son trafic à celui de l'Allemagne, n'a été que de 6 c. 37.

Sur le Réseau plus étendu de P.-L.-M., elle a été de 5 c. 58 seulement.

Pour les Pays-Bas, la Belgique et l'Autriche, nous n'avons qu'à rappeler les explications données à leur sujet dans le chapitre précédent. La Hollande et, plus encore, la Belgique possèdent un trafic de transit auquel elles appliquent des tarifs extrêmement réduits, ce qui abaisse la taxe moyenne accusée par les statistiques sans que le trafic intérieur bénéficie de ces abaissements. Quant à l'Autriche, son tarif moyen est notoirement plus élevé que le nôtre et ce n'est que par suite d'une erreur matérielle sur le taux du change que M. Pelletan a pu être amené à une conclusion contraire.

On doit donc reconnaître que nos prix de transport, pour l'ensemble des marchandises autres que la houille, ne sont pas moins favorables pour le public que ceux qu'on cherche à nous opposer.

La comparaison tourne encore davantage en notre faveur, si l'on considère toutes les circonstances déjà énumérées qui font que le prix de revient de nos services est notablement plus élevé que dans les pays voisins, moindre densité de trafic, capital d'établissement plus considérable, main-d'œuvre plus coûteuse, et surtout cherté relative du principal objet de consommation des Chemins de fer, la houille (1).

Abordons maintenant l'examen des tarifs de la houille en France et en Allemagne.

La comparaison, pour être véritablement exacte, doit porter sur

(1) Le prix moyen du combustible, approvisionné par les Chemins de fer de l'État belge depuis cinq ans, a été de 5 fr. 74 c. par tonne. En France, le prix moyen payé sur le Réseau d'Orléans a été de 22 fr. 35 c.; différence : 16 fr. 61 c.

Si l'on multiplie cette différence par la consommation moyenne de cette Compagnie (425.000 tonnes), on trouve un supplément de dépenses annuelles de 7 millions qui vient augmenter d'autant le prix des transports.

Pour l'ensemble des Réseaux français, le surcroît de dépenses de ce chef n'est pas inférieur à 35 millions.

des Réseaux desservant des régions similaires au point de vue industriel. Ainsi, nous mettrons en parallèle le Réseau des Chemins de fer allemands, sur lequel la houille représente 48 % du tonnage total à toute distance, et notre réseau du Nord, qui a transporté, en 1889, 9,883,000 tonnes de houille sur 22,108,000 tonnes, soit 45 %.

La taxe moyenne des charbons sur le Réseau du Nord était en 1886 de 3 c. 56, supérieure, il est vrai, de 0 c. 4 à la taxe allemande, si l'on admet le chiffre cité dans l'exposé des motifs; mais inférieure au contraire de 0 c. 01, si l'on en croit le journal officiel des Chemins de fer allemands, qui donne pour l'exercice 1885-1886 un prix de 3 c. 57. (*Zeitung des Vereins*, 13 Mars 1886.)

En 1889, la taxe moyenne sur le Réseau du Nord n'est plus que de 3 c. 42.

Ce rapprochement ne permet pas, on en conviendra, de décider à coup sûr que les conditions faites aux populations du Nord de la France sont réellement défavorables.

Veut-on, au contraire, établir une comparaison générale entre les deux pays?

Le prix moyen du transport de la houille par tonne et par kilomètre ressort alors sur l'ensemble des Réseaux français à 3 c. 83. On oppose à cette taxe moyenne la taxe allemande de 3 c. 16. Nous ferons observer que les termes de comparaison ne sont pas calculés sur des distances parcourues égales. Les houilles font en Allemagne un parcours de 30 % plus long qu'en France. A égalité de tarif, il doit forcément résulter de cet allongement de parcours une taxe moyenne, par kilomètre, plus faible dans le premier pays que dans le second, puisque la base kilométrique des tarifs décroît avec la distance.

D'autre part, si l'on veut dégager spécialement la charge qui pèse sur le consommateur, il faut exclure toute la portion du trafic qui s'opère en vertu des taxes réduites dont bénéficient les combustibles exportés.

On sait, en effet, que l'Allemagne exporte de grandes quantités de combustibles minéraux à la faveur de bas tarifs dont l'effet est de réduire notablement la taxe moyenne perçue sur l'ensemble des transports de houille. Il suffit, pour s'en rendre compte, de calculer le prix du transport d'une tonne par la distance moyenne, d'un côté en appliquant le tarif spécial III; et, d'autre part, la taxe moyenne de 3 c. 16 qui, dans la statistique, résume celles qu'ont acquittées l'ensemble des transports intérieurs et des houilles exportées. Le premier est de 20 °/₀ plus élevé que l'autre. On juge par cet écart quelles doivent être en Allemagne l'importance et l'influence du trafic d'exportation sur la réduction de la taxe moyenne.

La France, au contraire, n'exporte pour ainsi dire pas de houille; aussi, la taxe moyenne accusée par la statistique, représente-t-elle bien exactement pour nous la charge qui pèse sur la consommation nationale du fait des transports, contrairement à ce qui a lieu pour la taxe allemande.

Il convient d'ailleurs de remarquer, en terminant, qu'en France, depuis dix ans, les taxes de transport de la houille ont été notablement abaissées, comme le prouve le tableau suivant.

TARIF MOYEN perçu par kilomètre sur les Combustibles (Houille et Coke)

1° SUR L'ENSEMBLE DES RÉSEAUX FRANÇAIS; — 2° SUR LE RÉSEAU DU NORD.

ANNÉES	ENSEMBLE DES RÉSEAUX FRANÇAIS			RÉSEAU DU NORD		
	NOMBRE DE TONNES TRANSPORTÉES à 1 kilomètre	RECETTE TOTALE CORRESPONDANTE	TAXE MOYENNE PAR TONNE ET PAR KILOMÈTRE	NOMBRE DE TONNES TRANSPORTÉES à 1 kilomètre	RECETTE TOTALE CORRESPONDANTE	TAXE MOYENNE PAR TONNE ET PAR KILOMÈTRE
1880	1.927.547.259.	80.124.708.	4.15	857.248.006.	30,696,718.	3.58
1882	1.994.593.056.	81.874.327.	4.10	934.921.670.	33,512.273	3.58
1884	1,928,960,187.	78,742.134.	4.08	882.925.157	31.838.091.	3.60
1886	1.897,692,457.	76,519,828.	4.03	918,806.526.	32,790,394.	3.56
1888	2,203.425,634.	84,390.537.	3.83	1.096.284.532.	37.611.523.	3.43

Avant de quitter ce sujet, l'honorable auteur de la proposition de loi signale que les Allemands, comme les Belges et les Autrichiens, ont sur nous un autre avantage, « le temps ».

Les délais réglementaires de transport, au contraire, sont plus étendus en Allemagne et en Autriche qu'en France, surtout pour la grande vitesse; c'est ce que montre la comparaison suivante :

A. — Grande Vitesse

CHEMINS ALLEMANDS ET AUTRICHIENS

a) *Délais réglementaires :*

D'expédition . . . . 1 jour

De transport . . . . 1 —

par 300 kilomètres.

b) *Délais effectifs de transport :*

Dans la règle et sauf pour les envois allant au delà de leurs Réseaux, les Chemins allemands usent des délais réglementaires et ne transportent la grande vitesse en trafic local que par certains trains omnibus à marches plus lentes que les nôtres et qui sont indiqués dans les horaires.

Si l'expéditeur est pressé, il doit demander le transport par les trains express, et subit alors une majoration de taxe de 50 %. Il peut aussi déclarer « l'intérêt à la livraison » en temps utile, mais il paie, dans ce cas, une taxe spéciale sur la valeur déclarée.

COMPAGNIES FRANÇAISES

a) *Délais réglementaires et effectifs :*

Expédition par le premier train de voyageurs, comprenant des voitures de toutes classes et correspondant avec leur destination, pourvu qu'ils aient été présentés à l'enregistrement trois heures au moins avant l'heure de départ réglementaire de ce train, faute de quoi l'envoi est remis au train suivant.

B. — Petite Vitesse

CHEMINS ALLEMANDS ET AUTRICHIENS

a) *Délais réglementaires :*

Expédition. . . . . 2 jours
Transport : jusqu'à 100 k. . . . 1 jour
Au-dessus de 100 k. par fraction indivisible de 200 kilom. 1 jour

b) *Délais effectifs :*

	300 k.	400 k.
Expédition.	2 jours	2 jours
Transport.	2	3
TOTAUX	4 jours	5 jours

COMPAGNIES FRANÇAISES

a) *Délais réglementaires :*

Expédition dans le jour qui suivra celui de la remise.

24 heures par fraction indivisible de 125 kilom., excédents jusqu'à 25 kilom. non comptés.

24 heures par fraction indivisible de 200 kilom. pour les 1re, 2e, 3e et 4e séries sur les principales lignes du Réseau.

b) *Délais effectifs :*

	300 k.		400 k.	
	à 125 k. par 24 heures	à 200 k. par 24 heures	à 125 k. par 24 heures	à 200 k. par 24 heures
Expédition. .	1 j.	1 j.	1 j.	1 j.
Transport. .	3	2	3	2
TOTAUX. .	4 j.	3 j.	4 j.	3 j.

Quant aux prolongations de délais que les Compagnies françaises stipulent dans leurs tarifs spéciaux, en échange de réductions de prix souvent très importantes, il faut remarquer qu'elles s'appliquent généralement à des marchandises qui peuvent supporter sans inconvénient un long trajet. D'ailleurs, en fait, ces prolongations ne sont utilisées que dans les périodes d'intensité du trafic : dans tous les cas, l'expéditeur, qui a intérêt à la prompte livraison de sa marchandise, peut la faire transporter aux conditions du tarif général, qui comporte des délais plus réduits, comme nous venons de le voir, que ceux de l'Allemagne et de l'Autriche.

En résumé, si l'on a soin de mettre en parallèle des chiffres réellement comparables, si l'on tient compte de toutes les considérations qui échappent à une observation superficielle, la prétendue infériorité de la France vis-à-vis des nations voisines n'est rien moins que prouvée, et rien n'autorise à soutenir que le régime des transports assure au public, en Allemagne, des avantages qui n'existent pas en France.

CHAPITRE III

Personne ne conteste que les taxes de transports ne puissent exercer une réelle influence sur le développement du commerce et de l'industrie. L'auteur de la proposition estime que cet élément du prix de revient est tellement prépondérant « qu'un pays où le voyage des marchandises de toutes sortes, sur les routes commerciales, est plus cher qu'ailleurs, se trouve condamné d'avance à la défaite. » D'après lui, le moindre écart dans le prix des transports suffit « pour rendre impossible ou prospère une culture ou une industrie. » L'honorable député, qui a dénoncé précédemment l'élévation des tarifs des Compagnies françaises, lui impute la décadence de notre production minérale et agricole, la déchéance de nos ports, et il oppose la concurrence triomphante des produits des nations étrangères qui, grâce à la modicité de leurs taxes de transports, auraient, paraît-il, conjuré tout au moins partiellement les effets de la crise industrielle qui, pendant de longues années, a sévi sur notre pays.

Il est bien certain que, d'une manière générale, un pays qui est doté de moyens de communication à bon marché se trouve, au point de vue économique, dans une situation favorable, à condition toutefois qu'il ne soit pas, par compensation, surchargé d'impôts. Or, tant que le capital des Chemins de fer n'est pas amorti, que ces Chemins de fer soient exploités par l'État ou qu'ils soient, comme en France, concédés à des Compagnies jouissant de la garantie d'intérêt, si les produits sont insuffisants pour donner un bénéfice net qui couvre les charges du capital, c'est, en dernière analyse, le contribuable qui supporte le déficit.

En France, au fur et à mesure que la prospérité des Compagnies de Chemins de fer se développait, l'État leur a imposé la construction de lignes de plus en plus coûteuses et de moins en moins productives. Les profits obtenus dans l'exploitation des chemins de fer ont donc été employés à gager les emprunts réalisés pour la création de lignes nouvelles et à multiplier les voies ferrées ; on aurait pu au contraire affecter les plus-values des lignes productives à l'abaissement des tarifs, et peut-être cette solution eût-elle été préférable à celle que les pouvoirs publics ont adoptée ; en tout cas, l'une exclut l'autre, et jusqu'à ce que les dépenses de construction des Chemins de fer soient amorties, les tarifs ne peuvent être abaissés que dans la mesure compatible avec la rémunération de ces dépenses.

Mais si la réduction générale des tarifs est chose actuellement impossible, les abaissements commerciaux, c'est-à-dire appropriés à chaque cas particulier et profitables aussi bien à la Compagnie qui les consent qu'à l'industrie qui les utilise, sont et seront toujours l'objet de l'attention et des efforts des Compagnies de Chemins de fer. Le principe même de leur tarification, à l'encontre du système allemand dit « naturel », est de varier les taxes selon la nature des marchandises, de manière à ne pas faire payer des prix de transport trop élevés aux marchandises de peu de valeur. C'est dans cet ordre d'idées que des tarifs très réduits ont été appliqués de tout temps aux matières premières, notamment à la houille, aux minerais et aux engrais, et que les Compagnies se sont efforcées en toutes circonstances de réduire autant que possible les prix de transport de ces marchandises. Elles l'ont fait en particulier à l'occasion de la refonte récente de leurs tarifs. Ces réductions, qui ont été contestées par M. Pelletan dans un précédent chapitre, sont cependant indiscutables, et les Rapports présentés au Comité consultatif par la Commission chargée de l'examen des nouveaux tarifs en font foi. Pour la Compagnie d'Orléans, le Rapport (pages 33, 41 et 57) constate des abaissements variant de 1 à 46 % pour les houilles et cokes, de 10 à 38 % pour les minerais, de 2 à 66 % pour les engrais. Le Rapport relatif à la Compagnie du Nord signale pour les minerais une réduction dépassant 25 % (page 29); pour la houille, il déclare que le nouveau tarif ne consacre que des abaissements de prix (page 23). Les Rapports sur les tarifs des autres Compagnies, sans chiffrer en détail les réductions obtenues, constatent également des abaissements notables pour les transports des matières premières.

Dans d'autres circonstances, cherchant par exemple à venir en aide à une industrie éprouvée par une crise momentanée ou menacée par la concurrence étrangère, les Compagnies n'ont pas hésité à réduire leurs tarifs dans une mesure importante : c'est ainsi que lors de la crise métallurgique survenue en 1885-1886, elles ont créé et maintiennent encore des tarifs temporaires très bas pour les matières premières, houille, coke, minerai, fonte brute, nécessaires à cette industrie.

C'est donc à tort qu'on les accuse d'être insensibles aux besoins du public et systématiquement rebelles à toute réduction de tarifs ; les exemples qui précèdent, et bien d'autres qu'il serait trop long de citer, le prouvent clairement.

Est-il vrai d'ailleurs que d'une manière générale les taxes de transport aient toute l'influence que M. Pelletan leur prête, et qu'elles puissent modifier, dans la mesure qu'il indique, les conditions économiques de la production et de la consommation d'un pays? Il est permis d'en douter.

Le Ministère des Travaux publics a publié, dans ses documents statistiques, le tableau ci-dessous qui montre le peu d'importance des frais de transport, comparés à la valeur vénale des marchandises et aux droits de douane.

INDICATION DES MARCHANDISES	VALEUR MOYENNE DE LA TONNE	PRIX DE TRANSPORT PAYÉ POUR UNE TONNE DE MARCHANDISES	DROITS DE DOUANE PAR TONNE
MARCHANDISES COMPRISES :			
Dans la 1re Série. . . . . . . *(Tonnage transporté, 555,872.)*	4,510.f	17.60f	600.f
Dans la 2e Série. . . . . . . *(Tonnage transporté, 643,881.)*	1,165.	13.60	70.80
Dans la 3e Série. . . . . . . *(Tonnage transporté, 966,998.)*	470.	12.40	67.
Dans la 4e Série. . . . . . . *(Tonnage transporté, 1,964,392.)*	270.	7.10	21.70
Dans la 5e Série. . . . . . . *(Tonnage transporté, 2,666,578.)*	39.48	4.65	6.30
Dans la 6e Série. . . . . . . *(Tonnage transporté, 3,790,324.)*	22.25	3.14	

NOTA. — L'importance de chaque élément est exprimée par la surface du cercle qui la figure.

On objecte que ce n'est pas une seule taxe de transport qui pèse sur un produit donné, mais toute une accumulation de taxes différentes, et, considérant, par exemple, une étoffe de soie ou de drap, on fait remarquer que, dans le prix de revient du tissu, entrent les frais de transport de la matière première, de la houille consommée, de l'apprêt, de la teinture, de l'outillage employé et renchéri lui-même par le transport, etc...

Dans ces opérations successives, les frais de transport s'accumulent, c'est de toute évidence, mais ce ne sont pas les seuls ; il y a les frais de main-d'œuvre, les risques et bénéfices des intermédiaires, les intérêts des capitaux engagés, etc., qui sont tellement importants dans l'exemple cité, que les frais de transports accumulés n'en représentent plus qu'une quantité négligeable. En effet, le prix de revient d'une tonne de drap s'élève à 14,500 francs environ et comprend : la matière première pour 7,000 francs ; charbon, 300 francs ; produits chimiques, 2,400 francs ; entretien de l'outillage, 775 francs ; main-d'œuvre et frais généraux, 4,000 francs.

Dans la valeur de ces divers éléments du prix de revient, les transports accumulés sont : Transport de la laine du Havre à Elbeuf, 30 francs ; du charbon et des produits chimiques de Rouen à Elbeuf, 15 fr. 50 c., et des autres matières représentant 500 kilogrammes, 5 francs environ. Ensemble, 54 francs de frais de transports pour une tonne de drap.

Doublez ce chiffre, et vous ne parviendrez pas à faire rentrer plus de 25 à 30 centimes pour la part des frais de transports dans le prix d'un vêtement complet. Comparés aux droits de douane de 1,000 à 1,600 francs, qui protègent les tissus de drap, ces frais sont, il faut en convenir, sans aucune importance.

L'accumulation des frais de transports, lorsqu'il s'agit d'objets manufacturés, ne conduit donc pas aux résultats désastreux indiqués par M. Pelletan.

Il n'est pas davantage exact de dire que l'élévation du prix de transport de la houille nous met dans un état d'infériorité au point de vue industriel vis-à-vis de nos voisins.

Le prix d'achat des combustibles minéraux ne dépend pas uniquement des frais de transport, mais surtout du prix de revient sur le carreau de la mine.

En France, ce dernier prix était en 1886 de 11 francs et une tonne de combustible payait, en moyenne, pour se rendre du centre de production au lieu de consommation, 4 fr. 18 c. (1), soit 38 % du prix d'achat.

En Prusse, la tonne de houille valait à la même époque 6 francs seulement sur le carreau de la mine et payait en moyenne, pour son transport au lieu de consommation, 3 fr. 91 c., soit 65 % de sa valeur.

Encore le consommateur allemand paie-t-il plus que la taxe moyenne donnée par la statistique, puisque celle-ci comprend les taxes extrêmement réduites applicables aux combustibles minéraux destinés à l'exportation, et dont l'importance est considérable dans ce pays. Néanmoins, même en s'en tenant à cette moyenne, la différence des frais de transport, payés dans les deux pays, n'est que de 0 fr. 27 c.

Telle est la charge supplémentaire supportée par la production française pour chaque tonne consommée.

Faut-il croire que c'est à la faveur des tarifs réduits, dont cette différence de 0 fr. 27 c. est la mesure, que l'Allemagne a développé la production de ses combustibles minéraux?

Il est permis de supposer, avec plus de raison, que le développement de la production houillère en Allemagne est lié à l'accroissement de ses débouchés dans les pays qui l'environnent, avec l'Italie notamment, vers laquelle, depuis le percement du Saint-Gothard, se dirigent, par trains complets, les houilles de Sarrebrück chassant la houille anglaise; qu'il tient également à l'augmentation de sa marine à vapeur et à l'activité de ses usines métallurgiques vers lesquelles se dirigent les commandes du monde entier.

S'il suffisait d'une réduction de 0 fr. 27 c. par tonne pour pro-

---

(1) *Statistique du Ministère des Travaux publics*, 1886, tableaux 12 et 16. — *Bulletin du Ministère des Travaux publics*, Juin 1888, p. 646.

duire les conséquences signalées par M. Pelletan, nul doute qu'elle ne fût aussitôt consentie en France, mais il est facile de se rendre compte qu'une semblable réduction aurait un résultat tout différent.

En 1886, la houille coûtait, comme nous l'avons dit, au consommateur, en France, 11 francs d'achat, 4 fr. 18 c. de transport, 3 ou 4 francs de manutention pour chargement, déchargement et camionnage au départ et à l'arrivée, sans compter le déchet et les droits d'octroi dans les villes. Ensemble, 18 à 20 francs. Il est bien difficile d'admettre qu'une réduction de 25 à 30 centimes, représentant seulement 1 1/2 % du prix total, soit de nature à provoquer une modification appréciable dans la consommation et la circulation de la houille. Cette différence serait suffisante assurément pour détourner le trafic d'une voie de transport sur une autre qui lui offrirait cet avantage de prix, ou pour atteindre un marché et en chasser le produit concurrent, mais il n'est pas admissible qu'elle puisse augmenter la consommation générale d'un pays.

Cette réduction fût-elle consentie, l'expéditeur en profiterait seul très probablement, ou n'en accorderait qu'une faible partie à ses clients. Admettons même qu'il la leur abandonne complètement et que cette somme de 5,200,000 francs, dont le public profitera, soit entièrement consacrée par lui à l'acquisition d'un supplément de combustible? A raison de 18 à 20 francs la tonne, ce supplément s'élèverait à 260,000 tonnes de houille, représentant une augmentation de 8,000,000 de francs environ (moins de 1 % de la consommation totale).

Tel serait, au point de vue de la consommation, le résultat d'une réduction de 5 à 6 % sur le prix de transport, dans l'hypothèse admise, contre toute vraisemblance, que l'économie réalisée par le public ne serait pas dispersée dans des opérations diverses et serait exclusivement consacrée à des acquisitions de houille.

Quant au résultat pour les Compagnies de Chemins de fer, il est facile à établir. Les 260,000 tonnes supplémentaires paieraient pour leur transport, à raison de 4 francs la tonne, une somme de. 1,040,000 fr.

laissant un produit net, frais d'exploitation déduits, de. 500,000

environ. La réduction de la taxe ayant réduit, d'autre part, le produit net de. 5,200,000

La perte sèche serait pour elles de. . . . . 4,700,000 fr.

En résumé, perte certaine, indiscutable et considérable pour ces dernières et augmentation improbable, dans tous les cas très légère, de la production des combustibles minéraux. Ce n'est donc pas assurément dans l'application de tarifs plus ou moins élevés, qu'il faut chercher la cause des différences de développement de l'industrie minière en France et en Allemagne : cet exemple le montre jusqu'à l'évidence.

En ce qui touche la Belgique, les statistiques ne fournissent aucun élément de comparaison. Là encore les taxes applicables aux houilles exportées sont extrêmement réduites; mais celles qui frappent la circulation intérieure le sont assurément moins.

Nous ne suivrons pas M. Pelletan dans la corrélation qu'il cherche à établir entre les tarifs des divers Réseaux et les variations de la production et de la consommation : ces variations dépendent d'une foule d'éléments dont un certain nombre échappent à l'analyse, et rien n'est moins fondé que de les attribuer exclusivement à l'influence des taxes de transports. Mais il convient de redresser certaines erreurs matérielles que contiennent les exemples de tarifs cités dans l'exposé des motifs ou dans les notes à l'appui; nous signalerons notamment les suivantes :

Tarif pour le Transport des Engrais (page 26, note 1).

Les prix appliqués sur le Réseau d'État belge sont sensiblement supérieurs à ceux qu'indique la note. Les bases du tarif belge sont en effet les suivantes :

Jusqu'à 25 kilom. 0 fr. 06 par tonne et par kilomètre.
De 25 à 75 — 0. 04 par kilomètre en sus.
De 75 à 100 — 0. 02 — —
De 100 à 350 — 0. 01 — —

plus 0 fr. 50 c. par tonne pour frais fixes

	à 100 kilomètres.	à 200 kilomètres.	à 300 kilomètres.
	f.	f.	f.
Ce qui donne.	4.50	5.50	6.50
et non pas	2.76	4.76	5.76

Nous ferons remarquer également que, dans la nomenclature des prix appliqués sur les Reseaux français, ne figurent pas ceux de l'Est, qui sont les suivants (tarif P. V. n° 22) :

à 100 kilomètres.	à 200 kilomètres.	à 300 kilomètres.
f.	f.	f.
3.40	5.40	7.40

Cette rectification faite, nos prix peuvent parfaitement soutenir la comparaison avec ceux de la Belgique.

Tarif des Blés de Pau à Melun (page 28, note 1).

Les prix cités appartiennent au tarif général commun à diverses Compagnies ; s'il fallait expédier des grains de Pau à Melun, on prendrait les prix des tarifs spéciaux P.V. 2 Lyon, D. 2 Orléans et P. 7 Midi, dont les prix réunis donnent :

De Pau à Melun. . . . . 43 fr. 76 et non 63 francs.
De Bagnères à Chalon. . . 42 10 — 65 —

Tarif des Cotons du Havre et d'Anvers à Bâle (page 30).

A partir du 15 Avril 1890, le prix de transport du Havre à Bâle a été abaissé à 25 fr. 25 c. La différence en faveur d'Anvers n'est plus que de 1 fr. 07 c., bien que ce port soit plus rapproché de 103 kilomètres.

Transport des blés d'Anvers ou de Dunkerque vers la région de l'Est (page 30).

M. Pelletan reproche encore aux Compagnies françaises de percevoir de Dunkerque à Reims, Châlons, Nancy et Troyes, pour le transport des blés débarqués dans ce port, des prix plus élevés que ceux appliqués aux mêmes produits, d'Anvers aux mêmes localités, bien que Dunkerque en soit plus rapproché de 5 à 6 lieues.

Voici quels sont réellement les prix et les distances par l'itinéraire le plus court :

DESTINATIONS	ANVERS		DUNKERQUE	
	DISTANCES	PRIX PAR TONNE frais de gare compris	DISTANCES	PRIX PAR TONNE frais de gare compris
	k.	f.	k.	f.
Reims	295	14.58	303	12.80
Châlons-sur-Marne	349	16.83	357	15.05
Nancy	381	14.82	463	18.45
Troyes	443	19.80	451	18.10

Comme on le voit, l'avantage d'Anvers n'existe pour le prix que pour Nancy, où l'écart en faveur de ce port sur celui de Dunkerque est de 82 kilomètres.

Ainsi tombe, par conséquent, l'assertion de M. Pelletan.

Nous devons ajouter que les prix ci-dessus, au départ de Dunkerque, ne sont nullement des prix établis spécialement pour l'importation des blés par ce port, mais des prix résultant d'un tarif commun à barème, profitant à toutes les stations des deux Réseaux et jouant dans les deux sens.

Prix des Métaux du Havre à Petit-Croix et à Delle (page 32, note (1).

Les métaux au départ du Havre sont classés en 7e et en 8e série dans le tarif de transit Est 376 — Ouest 146 et paient par suite :

Du Havre à Petit-Croix :

26 fr. 65 c. et 23 fr. 25 c., et non 39 fr. 60 c. et 29 fr. 65 c.

Du Havre à Delle :

27 francs et 23 fr. 55 c. et non 40 fr. 10 c., et 27 francs.

En ce qui concerne les ports d'Anvers et de Hambourg, dont M. Pelletan signale le développement rapide au détriment du Havre et de Marseille, l'augmentation de leur trafic tient surtout à leur situation spéciale.

Anvers a l'avantage d'être un port en rivière profonde ; son outillage est extraordinairement complet et perfectionné ; sa législation de quais est très favorable. De plus, ce port se trouve à quelques kilomètres des grandes nations ses voisines, dont il est le débouché naturel ; il a enfin l'heureuse fortune d'avoir des prix de frets généralement plus réduits. Nous allons en donner deux exemples :

Un producteur de grains expédie de Bombay à une station suisse, située entre Petit-Croix et Bâle, un chargement de grains. Il semble, tout d'abord, que passant dans la Méditerranée la route à suivre soit voie Gênes ou voie Marseille. Par ces deux ports, la distance est en effet la plus directe et la plus courte, mais grâce au prix du fret elle est aussi la plus coûteuse.

Nous voyons, en effet, d'après les renseignements fournis par notre Consul et reproduits au *Moniteur Officiel du Commerce* de Novembre 1889, que le fret par vapeur est coté pour le blé :

De Bombay à Gênes ou à Marseille . . 32 fr. 81 c.
— à Anvers . . . . 24 fr. 37 c.

D'Anvers à Bâle (transit : 673 kilomètres), la voie ferrée prend 23 fr. 11 c. De Marseille à Petit-Croix (transit : 697 kilomètres), la Compagnie de Lyon prend 24 fr. 50 c.

Soit au total : par Anvers, 47 fr. 48 c.; par Marseille, 57 fr. 31 c. Différence au profit d'Anvers, 9 fr. 83 c. Et encore doit-on observer que la Compagnie de Lyon offre en l'espèce un tarif de 3 c. 55 par charges de 5,000 kilogs, tandis que pour le même prix, 3 c. 50, les Compagnies belges et allemandes exigent des charges de 10,000 kilogs.

De même pour les laines d'Australie. Le fret est en moyenne :

De Sidney à { Anvers . . . . Fr. 175. »
{ Marseille également. . . . . 175. »

D'Anvers à Roubaix (117 kilomètres), la voie ferrée prend 10 francs par 1,000 kilogrammes.

De Marseille à Roubaix (1,090 kilomètres), les Compagnies de Lyon, de l'Est et du Nord ont établi un prix extrêmement réduit pour la distance, 37 francs par 1,000 kilogrammes.

On a donc au total :

Par Anvers. . . . . Fr. 185. »
Par Marseille. . . . . 212. »

Et pourtant le prix de Marseille à Roubaix donne 0 fr. 034 par tonne et par kilomètre, tandis que celui d'Anvers à Roubaix donne 0 fr. 085.

Ce n'est donc pas la faute des Compagnies françaises si les blés de l'Inde et les laines d'Australie vont à Anvers plutôt qu'à Marseille.

Un dernier mot sur cette question des importations par mer : Que pour aider le développement de nos ports, pour leur faciliter la lutte avec leurs concurrents étrangers, des abaissements de taxes soient utiles et parfois nécessaires, nous ne le contestons pas ; mais on nous permettra de faire observer qu'en signalant le mal, l'auteur de la proposition de loi repousse en même temps le remède. Quels sont en effet les tarifs auxquels l'honorable député reproche de ne pas favoriser nos ports par des prix suffisamment bas? Ce sont, d'après les exemples qu'il cite, les tarifs applicables aux marchandises débarquées au Havre, à Dunkerque ou à Marseille, à destination soit de l'intérieur de la France, soit de la Suisse ; les premiers sont des tarifs d'importation, les seconds, des tarifs de transit; or, ce sont précisément ceux contre lesquels M. Pelletan a formulé les critiques les plus vives dans son exposé des motifs et dont il cherche à entraver le développement par les dispositions de son projet de loi.

On reconnaîtra qu'en présence du courant d'opinion que l'on s'efforce de propager dans le public, les Compagnies sont peu encouragées à créer des tarifs réduits au profit des ports qu'elles desservent.

CHAPITRE IV

Nous n'avons aucune difficulté à reconnaître que certaines réductions de tarifs, lorsqu'elles sont réalisées à propos et dans des vues commerciales peuvent produire les plus heureux effets sur le développement du trafic tout en procurant au public des avantages incontestables. L'expérience de cinquante années d'exploitation démontre que les Compagnies françaises ne se sont jamais refusées à des réductions reconnues utiles. Mais doit-on penser qu'une réduction systématique et générale des taxes produira infailliblement une amélioration des recettes, et en définitive une augmentation du produit net? M. Pelletan se prononce pour l'affirmative, et le quatrième chapitre de son Exposé des motifs est consacré à cette démonstration. Il nous paraît facile, en passant en revue les exemples cités par lui, de démontrer que ses assertions reposent sur une interprétation inexacte des faits.

L'honorable député commence par citer les abaissements de tarifs opérés successivement sur le Réseau de l'État belge et il affirme que ces abaissements ont été une cause de prospérité pour les finances de la Belgique. « Les recettes kilométriques, écrit-il, ont monté de 36,700 francs (chiffre de 1858); de 37,700 (chiffre de 1859), à 39,700 en 1860; à 43,600 en 1862; à 51,300 en 1865. De 1856 à 1859, avant la réforme, elles montaient de 1,000 francs par an; de 1859 à 1865, après la réforme, elles montaient d'une somme double. A regarder superficiellement les statistiques, il semblerait qu'elles ont fléchi ensuite; ce n'est qu'une apparence : elle tient à ce qu'en 1867 et 1868 le Réseau s'était alourdi de lignes plus pauvres qui ont fait retomber la moyenne à 46,000 francs. Mais dès 1870 cette moyenne s'était relevée à 52,000 francs. »

Tout d'abord, en ce qui concerne le Réseau belge, les chiffres qu'on met en avant représentent l'ensemble des recettes des voyageurs et des marchandises à petite et à grande vitesse. Pour apprécier sainement l'influence des tarifs de petite vitesse et reconnaître si leur abaissement a produit un développement correspondant à cette nature de trafic, il convient d'éliminer tout ce qui a trait à la grande vitesse pour ne retenir que ce qui concerne les marchandises.

On obtient alors les résultats suivants pour les deux périodes qui ont précédé et suivi la réforme des tarifs :

	ANNÉES	LONGUEUR EXPLOITÉE	RECETTE KILOMÉTRIQUE P. V. (1)	AUGMENTATION TOTALE	AUGMENTATION ANNUELLE moyenne
Avant la réforme.	1856	k. 713	fr. 14,137	fr. 3,384	fr. 1,128
	1859	745	17,521		
Après la réforme.	1865	749	23,584	6,063	1,010

Le trafic n'a donc pas suivi après la réforme une marche ascendante plus rapide qu'auparavant.

Si nous poussons maintenant la comparaison jusqu'en 1869, on trouve :

ANNÉES	LONGUEUR EXPLOITÉE	RECETTE KILOMÉTRIQUE P. V. (1)	AUGMENTATION TOTALE	AUGMENTATION ANNUELLE moyenne
1859	k. 745	fr. 17,521	fr. 5,255 ou 29.98 %	fr. 525 ou 3 %
1869	862	22,776		

L'accroissement annuel du trafic s'est donc beaucoup ralenti

(1) Compte rendu, 1856, p. 30; 1859, p. 75; 1865, p. 60.

postérieurement à la réforme des tarifs, contrairement à ce qu'indique M. Pelletan. A partir de 1870, toute comparaison devient impossible, par suite de l'adjonction au Réseau d'État belge des lignes du Hainaut, dont le trafic propre était, comme nous l'avons vu précédemment, beaucoup plus important que celui des anciennes lignes de l'État.

Ceci établi, il est intéressant de voir ce qui s'est passé pendant la même période sur le Réseau du Nord français, situé dans une contrée qui, par la densité de la population, la nature du sol et de ses produits, par l'importance de ses industries minérales et métallurgiques, a la plus grande analogie avec le territoire de la Belgique. En limitant la comparaison à une période de dix ans, 1859-1869, pendant laquelle la longueur des Réseaux a peu varié de part et d'autre, on trouve pour la Compagnie du Nord :

1859, longueur exploitée, 947 kilomètres, recette marchandises par kilomètre. . . . . Fr. 32,923. »

1869, longueur exploitée, 1,066 kilomètres, recette marchandises par kilomètre. . . . . 45,579. »

Différence 12,656 francs, soit par an et pour la période considérée, une augmentation de 1,266 francs, en tout 38.44 %, beaucoup plus élevée que celle constatée sur le Réseau belge, qui n'a pas dépassé 29.98 %.

Ces comparaisons démontrent donc qu'il n'y a pas d'argument à tirer des résultats de la réforme accomplie en Belgique.

Le second exemple indiqué dans l'exposé des motifs est emprunté au Réseau d'État français, dont le produit net, de 1879 à 1883, s'est accru de 295 francs ou 14 %.

Les chiffres cités par M. Pelletan sont empruntés à l'ouvrage de M. Picard, t. IV, p. 502. Pourquoi ne pas avoir fait la citation complète? la conclusion à en dégager eût été bien différente. Voici, en effet, les résultats indiqués par M. Picard :

	1879	1880	1881	1882	1883
	fr.	fr.	fr.	fr.	fr.
Produit net par kilomètre.	2,022	1,868	2,037	1,909	2,317

On voit que sur les quatre années qui ont suivi 1879, trois ont donné un produit net inférieur ou au plus égal à celui de la première année. Or, les principales réformes ont eu lieu en 1880 et 1881. On serait donc aussi bien en droit d'attribuer à l'abaissement de la taxe moyenne le déficit de 5 % qui s'est produit en 1882 que l'augmentation de 14 % survenue en 1883. Un bon résultat obtenu une année sur quatre ne peut évidemment pas démontrer les heureuses conséquences d'une réforme (1). Au contraire, sur les anciens Réseaux des grandes Compagnies dont la composition restait la même, ou variait peu de 1879 à 1883, et parmi lesquels M. Pelletan a compris à tort celui du Nord, qui s'est accru de 200 kilomètres ou 23 %, le produit net restait constamment au-dessus de son chiffre initial (2).

	1879	1880	1881	1882	1883	LONGUEUR En 1879	LONGUEUR En 1880
	fr.	fr.	fr.	fr.	fr.	kilom.	kilom.
Orléans . .	30.920	34.793	36.714	36,193	35,950	2,017	2,017
Midi. . . .	41.818	51,078	53,313	50,488	48,495	796	820
Ouest . . .	42.979	48.106	51.636	53.962	(3)	900	900

(1) Si, dans ces dernières années, on a pu constater sur le Réseau d'État une augmentation de trafic relativement importante, il faut l'attribuer, non pas à des réductions de tarifs provoquant le développement d'un trafic nouveau, mais simplement à ce fait, qu'en raison de l'ouverture de nouvelles lignes de l'État dans la direction de Paris à Bordeaux, un trafic considérable, appartenant autrefois au Réseau d'Orléans, s'est trouvé détourné à leur profit. (*Voir* ci-après, page 52.

(2) Statistique générale du Ministère des Travaux publics.

(3) Pour l'année 1883, il n'est plus fait de distinction entre l'ancien et le nouveau Réseau de la Compagnie de l'Ouest.

Sur les lignes composant les nouveaux Réseaux on constate de 1879 à 1882 :

Sur les lignes de l'Est et de l'Ouest des augmentations de 691 francs et 2,948 francs, et sur celles de l'Orléans et du Nord de 1879 à 1883, des plus-values de 2,401 francs à 3,052 francs.

Ce sont des augmentations de 18, 27, 30 et 40 °/ₒ dans les produits nets.

Tels sont les résultats qu'il convient de mettre en regard de l'augmentation de 295 francs par kilomètre, ou de 14 °/ₒ, sur le Réseau de l'État, pour démontrer que l'abaissement des taxes sur ce Réseau ne paraît pas avoir été une opération avantageuse.

Revenant aux pays étrangers, M. Pelletan cite comme exemple de l'augmentation des recettes résultant de l'abaissement des taxes, les expériences tentées sur les Réseaux allemands et autrichiens. En Allemagne les recettes kilométriques des marchandises auraient été de 20,900 francs en 1878 et de 23,200 francs en 1883-1884. En Autriche (sans la Hongrie) la recette kilométrique aurait été de 9,503 florins en 1878 et de 10,745 florins en 1883. Et M. Pelletan conclut en ces termes : « Partout où les tarifs ont été diminués, l'augmentation du trafic a compensé, non pas au bout d'un temps plus ou moins long, mais de suite, le sacrifice accompli. »

Pour être probante, la comparaison qui précède devrait embrasser la période de réforme des tarifs, c'est-à-dire partir de l'année 1876. Or, précisément de 1876 à 1878, la recette kilométrique de la petite vitesse avait décru : pour l'Allemagne elle était de 23,825 francs en 1876, de 22,500 francs en 1877, de 21,590 (et non de 20,900) en 1878; puis elle se relevait pour atteindre en 1883-1884 le chiffre cité dans l'exposé, lequel est encore inférieur à celui de 1876. De même en Autriche, la recette kilométrique P.V. passait de 10,618 florins en 1877 à 9,800 florins (et non 9,500) en 1878, décroissait encore en 1879 et revenait en 1883 au chiffre de 1877.

Il serait d'ailleurs inexact d'admettre, ainsi que M. Pelletan semble le faire à la page 42 de son exposé, que le bénéfice d'un abaissement de taxe, au point de vue des recettes, est égal à la différence entre cet abaissement et l'accroissement de la circulation qui en résulte. Il est évident, par exemple, que si pour un trafic de 2 tonnes, taxées à raison de 0 fr. 10 c., une réduction de 0 fr. 05 c. ou 50 °/₀ amène un accroissement de tonnage de 1 tonne ou 50 °/₀ également, la différence de recettes se solde non pas par zéro, mais par une perte de 25 °/₀. En fait, dans l'exemple cité par l'auteur du projet de loi, d'une augmentation de tonnage de 14 °/₀ correspondant à une réduction de taxe de 10 °/₀, un calcul des plus simples montre que l'augmentation de recette est de 2.6 °/₀ et non pas de 4 °/₀ (1).

Encore ne s'agit-il là que de la recette brute ; or, un accroissement de 14 °/₀ dans la circulation des marchandises entraîne des charges considérables, augmentations du matériel, agrandissement des gares, dépenses supplémentaires de traction, d'entretien, de personnel, etc. On peut en calculer approximativement la valeur en ce qui concerne la dépense d'exploitation seule, au moyen de la formule ordinairement adoptée pour les Chemins de fer d'intérêt général :

$$D = 4{,}500^{f} + 0^{f}{,}40\ R,$$

dans laquelle D représente la dépense d'exploitation et R la recette brute.

On voit que si la recette s'accroit de 2.60 °/₀, la dépense augmente de 0.40, soit de 1.04 °/₀.

Ainsi en supposant qu'une réduction de taxe de 10 °/₀ ait amené un accroissement de 14 °/₀ dans le tonnage kilométrique,

---

(1) La Compagnie d'Orléans a fait à cet égard une expérience instructive. De 1886 à 1888, par l'effet de l'application des tarifs revisés, conformément aux engagements pris en 1883, la taxe moyenne a baissé de 0 fr. 003, soit 4.62 °/₀. Le nombre des tonnes kilométriques transportées n'a augmenté que de 3,47 °/₀, et en définitive la recette brute a diminué de 1,314,000 francs, soit 1.76 °/₀.

on ne réaliserait qu'une augmentation de produit net de 2.60 — 1.04, ou 1.56 %, avec laquelle il faudrait faire face aux charges supplémentaires du capital d'établissement provenant de l'augmentation du matériel, de l'agrandissement des gares, etc. On voit quel maigre et douteux bénéfice laisserait l'opération dans cette hypothèse, qui est cependant beaucoup plus favorable que la réalité : il a été démontré, en effet, que l'accroissement de circulation cité en exemple est bien inférieur à 14 %, si l'on part de l'année de la réforme des tarifs.

Après avoir essayé de prouver que, dans les années prospères, l'augmentation des recettes a accompagné l'abaissement des tarifs, M. Pelletan cherche à démontrer que la réduction des taxes a eu aussi pour effet d'atténuer la crise qui a frappé l'industrie des transports depuis 1883, et si cruellement atteint les Chemins français. A l'appui de son dire, l'honorable député signale que la recette kilométrique de la petite vitesse s'est abaissée de près d'un cinquième en France, tandis qu'elle ne se réduisait que de 10 % en Belgique, de 6 % en Allemagne, 11 % dans les Pays-Bas, 19 % en Autriche.

On ne peut imputer aux réductions de tarifs le sort privilégié de nos voisins, par la raison que leurs tarifs n'ont pas été modifiés depuis l'origine de la crise, sauf peut-être pour l'Autriche. D'autre part, nous avons démontré, en nous appuyant sur des statistiques qui datent précisément de l'époque du ralentissement du trafic, que les tarifs français sont au moins aussi bas que ceux des Réseaux voisins. Ce n'est donc pas là qu'il faut chercher la cause de notre désavantage. Si, d'ailleurs, on veut dire que les Chemins étrangers ont bénéficié, dans cette circonstance, des réductions faites antérieurement, on ne voit pas pourquoi le Réseau français n'aurait pas eu la même chance, lui qui a précédé les autres pays dans la voie des abaissements de tarifs.

Quant aux Chemins austro-hongrois, leur exemple serait loin d'être probant, puisque, de l'aveu même du Rapporteur, leurs recettes se sont abaissées de 19 %, à peu près autant qu'en France.

Il est hors de doute que la crise industrielle et commerciale a été particulièrement intense dans notre pays. Nous avons eu, en effet, à souffrir de causes spéciales de diminution des transports, qui n'ont atteint ni l'Allemagne, ni la Belgique, ni les Pays-Bas : il suffit de citer la destruction presque complète de nos vignobles du Midi, qui a tari une source d'importants et fructueux transports, le choléra qui a sévi en 1884 dans le Sud de la France, et qui a entraîné des quarantaines et des prohibitions de nature à ralentir beaucoup les transactions, etc. Mais, indépendamment de toute crise, l'adjonction de lignes improductives à un Réseau jusque-là doté d'un trafic rémunérateur a suffi à abaisser la recette kilométrique moyenne. De 1883 à 1885, la recette par kilomètre s'est réduite de 20 %. Cependant, la recette totale, qui était, en 1883, de 664,070,000 francs, n'avait perdu, en 1885, que 55,447,000 francs, soit 8.3 %. Si la recette, par kilomètre, a perdu 12 % de plus, c'est que, dans ce court espace de temps, le Réseau s'est augmenté de 3,147 kilomètres, soit de 11.7 % par l'addition de lignes sans trafic. On ne peut pas dire que les Réseaux étrangers se sont développés dans les mêmes conditions.

La recette, par kilomètre, en France, s'est donc abaissée beaucoup plus par l'extension du Réseau que par la diminution des recettes totales.

Tel n'est cependant pas l'avis de M. Pelletan, qui fait ressortir des réductions considérables dans les recettes des grandes artères du Réseau français, et se demande si elles ne suffisent pas à expliquer le retour et l'aggravation de la garantie d'intérêt, indépendamment des lignes nouvellement construites.

Il est certain que la crise s'est fait sentir avec une intensité particulière sur les grandes lignes, et cela n'a rien que de très naturel : ce sont celles qui desservent les grandes agglomérations, les grands centres industriels, les grands courants commerciaux; elles sont donc les premières à se ressentir du ralentissement comme du développement des affaires. Mais les pertes qu'elles ont subies de ce chef n'ont pas l'importance qu'on leur attribue, et dans plusieurs cas les diminutions que fait ressortir la comparaison des exercices 1880 et 1885 tiennent à d'autres causes.

C'est ainsi, par exemple, que, pour la section de Marseille à Lyon, une partie de la réduction des recettes provient d'un simple déplacement du trafic : pour alléger le service des trains, qui devenait de plus en plus chargé sur la ligne de la rive gauche du Rhône, une fraction des marchandises qui l'empruntaient précédemment a été détournée par la nouvelle ligne longeant la rive droite. C'est ce que prouve l'accroissement considérable de la circulation sur cette ligne parallèle :

SECTIONS	RECETTE KILOMÉTRIQUE 1880	RECETTE KILOMÉTRIQUE 1885	DIFFÉRENCE EN FAVEUR DE 1885
Nîmes au Teil	f. 884,000. »	f. 6,144,000. »	f. 5,260,000. »
La Voulte à Givors	3,131,000. »	5,621,000. »	2,490,000. »
	f. 4,015,000. »	f. 11,765,000 »	f. 7,750,000. »

Il est juste de tenir compte de cette différence à la ligne Lyon-Marseille. De même, pour la ligne de Paris à Bordeaux, une partie de la diminution du trafic signalée dans l'exposé des motifs, provient de l'ouverture de la ligne concurrente de l'État. C'est ce que montre le tableau comparatif suivant :

ANNÉES	TONNES KILOMÉTRIQUES		OBSERVATIONS
	Ligne de Paris à Bordeaux par Orléans	Paris à Bordeaux ligne de l'État	
	t. k.	t. k.	
1883	593,018,493.	33,418,799.	
1884	562,112,538.	42,663,629.	
1885	505,725,331.	48,983,408.	L'ouverture des sections formant la jonction complète de la nouvelle ligne de Paris à Bordeaux a eu lieu le 19 Juillet 1886
1886	448,625,460.	86,715,470.	
1887 (1)	454,024,910.	137,039,349.	(1) Il y a eu reprise du trafic en 1887; sur l'ensemble du réseau d'Orléans le tonnage kilométrique a augmenté. C'est ce qui explique que la diminution de tonnage, sur le parcours de Paris-Bordeaux, due à la ligne concurrente de l'État, n'apparaisse pas dans la comparaison ci-dessus. Le trafic nouveau a comblé et au delà le trafic détourné.

En réalité, la perte totale subie par les grandes lignes, dont il est question dans l'exposé des motifs, est de 37,800,000 francs sur 394,800,000 francs, soit 9.5 %.

Il y a loin de cette proportion à celle de 15 accusée par M. Pelletan pour l'ensemble du Réseau français ; l'honorable député se trompe donc de beaucoup lorsqu'il estime que le retour à la garantie est uniquement motivé par l'appauvrissement de nos grandes artères. La cause en est également dans l'ouverture de lignes improductives, et dans des détournements de trafic.

Il n'est d'ailleurs pas inutile de constater que, lorsqu'il s'agit du Réseau d'État français, M. Pelletan est tout disposé à admettre que la diminution de recettes, survenue de 1884 à 1885, tient aux lignes récemment ouvertes.

Enfin, comme dernier exemple à l'appui de sa théorie, l'auteur du projet de loi cite les canaux qui, dans les régions dotées d'un système complet de voies navigables, ont recouvré, grâce à leurs taxes réduites, la presque totalité du trafic perdu par les Chemins de fer.

La modicité relative des taxes de la navigation est très naturelle, puisque ces taxes n'ont pas à rémunérer les frais d'établissement et d'entretien de la voie, que l'État garde à sa charge. Mais elles n'ont pas eu l'influence que leur attribue M. Pelletan. Il est parfaitement exact que, de 1883 à 1886, les canaux et rivières ont gagné 416 millions de tonnes kilométriques. Mais la quantité de marchandises remise à la navigation n'a pas augmenté pour cela, car le tonnage est passé de 20,848,963 en 1883, à 21,050,180 en 1886, alors que la longueur des voies navigables augmentait de 13,245 à 13,665 kilomètres; par conséquent, le tonnage transporté par kilomètre de voie est descendu de 1,566 tonnes à 1,540 tonnes (1).

L'augmentation signalée dans le nombre de tonnes kilométriques tient simplement à ce que le parcours moyen d'une tonne s'est sensiblement accru, comme le montre le tableau ci-après :

1883.	114	kilomètres.
1884.	117	—
1885.	125	
1886.	133	—

Sur 21 millions de tonnes, cette différence représente bien en effet 400 millions de tonnes kilométriques.

L'augmentation de parcours dont il s'agit est attribuée par l'Administration aux meilleures conditions de navigabilité obtenues par les travaux exécutés sur les canaux et rivières; grâce à ces améliorations, la marchandise a pu s'avancer plus loin sans quitter

(1) *Bulletin du Ministère des Travaux publics*, Août 1885, p. 135 et suivantes, et 22 Juillet 1888, p. 22 et suivantes.

la voie d'eau; mais le bon marché du fret a été impuissant, comme la logique le faisait prévoir, à déterminer plus de transports que la situation des affaires et la loi de l'offre et de la demande ne le permettaient.

Au surplus, la crise dont ont souffert les recettes des Chemins de fer français paraît en ce moment toucher à son terme, et le relèvement remarquable qui se produit depuis quelque temps déjà sur tous les Réseaux, tend bien à prouver que les tarifs en vigueur ne sont pas de nature à entraver le développement du trafic.

En définitive, les preuves que nous avons données de l'insuccès pécuniaire des réductions systématiques de tarifs, montrent suffisamment que la théorie absolue développée dans l'exposé des motifs est loin d'être exacte. Si nous résumons, en effet, les enseignements donnés par les pays où l'expérience a été réellement faite, laissant de côté l'Allemagne dont la diminution de taxe n'est qu'un véritable trompe-l'œil, les résultats que l'on observe sont loin d'être encourageants. En Belgique, le produit net a sensiblement décru, et l'exploitation des Chemins de fer qui procurait jadis à l'État un bénéfice annuel de 5 ou 6 millions, ne laisse plus maintenant qu'un déficit de plus en plus considérable à la charge du Trésor (1). Dans les Pays-Bas, le produit net kilométrique atteignait 8,725 francs, un an avant la chute brusque de la taxe, donnant ainsi au capital un revenu de 3.27 %; en 1885, la recette nette était réduite à 7,400 francs et la rémunération du capital à 2.35 % (2). En Amérique, l'abaissement moyen de 15 %, réalisé de 1882 à 1886, a produit les mêmes effets : le revenu du capital d'établissement est tombé de 2.91 % à 2.04 %.

---

(1) *Voir* notamment le discours de M. Alir., Ministre des Travaux publics, au Sénat, le 22 Décembre 1882.

(2) *Revue des Chemins de fer*, 1882, p. 384; 1888, p. 120 à 125; *Bulletin du Ministère des Travaux publics*, t. XII, p. 213

subissant ainsi une perte annuelle de 90 millions (1). En Hongrie, on a mis à l'essai, en 1874, le système de tarification dit « naturel » : les taxes moyennes se sont réduites, et cependant le trafic n'en a pas reçu un sensible développement; quant aux conséquences financières, elles ont été déplorables et l'expérience a été abandonnée au bout de deux ans.

En présence de pareils résultats, dans l'état actuel des recettes de nos Chemins de fer et des finances publiques, tenter des abaissements généraux et systématiques de tarifs, dont les conséquences favorables sont si hypothétiques, ce serait faire une expérience dangereuse que l'intérêt général ne commande pas et que la sagesse déconseille. Certes, on ne peut pas dire que les taxes de transports ont atteint leur niveau le plus bas et qu'il n'y a plus à espérer de nouvelles réductions; mais il faut se mettre en garde contre des tendances semblables à celles que l'on observe dans l'exposé de l'honorable M. Pelletan, qui réclame des abaissements généraux de tarifs, en se basant sur un élément d'appréciation aussi incertain que la comparaison des taxes moyennes des divers pays.

---

(1) *Bulletin du Ministère des Travaux publics*, 1889, t. XVI, p. 640.

CHAPITRES V & VI

Les chapitres V et VI de l'Exposé des motifs traitent de l'autorité de l'État sur les tarifs en France et à l'étranger. L'auteur estime que les garanties que possède l'État en France sont insuffisantes. Il en serait tout autrement, d'après lui, dans les pays étrangers et spécialement aux États-Unis et en Angleterre.

Nous écarterons tout d'abord de cette discussion les pays où l'État possède un Réseau qui lui appartient en propre; là, son autorité sur les tarifs est évidemment absolue; il peut établir ses prix de transport sans tenir compte des prix de revient; il peut même exploiter à perte, s'il sacrifie à cette erreur trop répandue qu'en matière de transport, on pourrait pour les Chemins de fer, comme on le fait pour la voie d'eau, faire des libéralités aux usagers de la voie, aux dépens de la généralité des contribuables.

Mais on aurait tort de croire qu'en créant eux-mêmes ou en rachetant des Réseaux de Chemins de fer, les Gouvernements aient eu pour objectif principal de favoriser le développement de la prospérité générale par l'abaissement des tarifs. Quand on recherche les causes qui, chez différents peuples, ont amené la formation de Réseaux d'État, on trouve qu'elles ont été beaucoup moins économiques que politiques ou financières.

C'est ainsi qu'en Belgique nous voyons, dès le début, un Réseau d'État se fonder sous l'empire de la crainte que les Chemins de fer fussent accaparés par les capitaux étrangers et qu'il en résultât un péril ou tout au moins des inconvénients pour l'indépendance nationale (1). Son extension fut plus tard la conséquence de la concurrence avec les Compagnies voisines.

En Allemagne, le Réseau d'État s'est formé par fractions. Divers petits États confédérés n'auraient pu constituer autrement leurs lignes locales; à une époque postérieure, plusieurs jugèrent le Réseau d'État nécessaire pour éviter la constitution d'un vaste Réseau d'Empire; le rachat des lignes d'Alsace-Lorraine fut la conséquence de faits de guerre. Quant au grand mouvement de rachat qui a mis entre les mains de l'Empire la presque totalité des lignes prussiennes, il a été motivé par des raisons d'ordre exclusivement politique.

La Hongrie s'est décidée par suite de préoccupations d'autonomie et aussi à raison des embarras financiers pesant sur nombre de Compagnies (2). En Autriche, la création du Réseau d'État a été la conséquence de la grande crise de 1873 et des engagements pris par l'État vis-à-vis des Compagnies de Chemins de fer. La loi « dite des garanties », du 14 Décembre 1877, indique bien clairement le but et la portée de l'opération (3).

Enfin, en Italie, le rachat des Chemins de fer privés n'eut pas du tout pour but de substituer l'exploitation d'État à l'exploitation par l'industrie privée : la question fut soumise après coup à la grande Commission d'enquête de 1882, qui ne dissimula pas son regret de l'opération de rachat et de l'impossibilité où elle se trouvait de proposer un retour en arrière, si bien que ce fut le procédé d'affermage des Compagnies privées qui fut adopté, de même qu'aux Pays-Bas, de préférence à l'exploitation d'État (4).

---

(1) PICARD, t. III, p. 667 et suivantes. — LE HARDY DE BEAULIEU, *Journal des Économistes*, 1880, t. III. — HADLEY, p. 301.

(2) PICARD, t. III, p. 684.

(3) PICARD, t. III, p. 667. — OCTAVE NOEL, *op. cit.*

(4) TILLIER, *Question des Chemins de fer d'Italie*. — *Revue des Deux-Mondes*, 1er et 15 Juillet 1884. Articles de M. CUCHEVAL-CLARIGNY. — HADLEY, chap. XII.

Sur les Chemins de fer concédés, l'État a parfois cherché à exercer une action directe sur la tarification par diverses mesures que nous rappellerons sommairement.

Au début de l'établissement des voies ferrées, on avait cru utile de conférer à l'État le droit d'exiger la réduction des tarifs, lorsque les bénéfices dépasseraient un certain taux calculé par rapport au capital de premier établissement. Cette clause qui n'a jamais été appliquée, que nous sachions, ne présente aujourd'hui qu'un intérêt rétrospectif ; elle a été transformée en une clause de partage pur et simple des bénéfices, sans que la part devant revenir à l'État ait reçu par avance une attribution déterminée.

Il avait été question également, à l'origine des Chemins de fer, de donner à l'État le droit de réduire certains tarifs moyennant une indemnité à payer aux Compagnies qui auraient été ainsi, en quelque sorte, expropriées d'une partie des produits de leur exploitation. Cette clause, comme le rappelle M. Pelletan, se rencontre dans certaines législations étrangères, mais elle ne paraît pas avoir jamais reçu d'application pratique (1).

En France, elle fut proposée et soutenue en 1844 par M. Dufaure (2), mais elle ne fut pas favorablement accueillie par la Chambre. On craignit qu'elle ne présentât un danger sérieux pour les finances publiques, par suite des nombreuses sollicitations qui n'auraient pas manqué de se produire et de mettre en jeu toutes les influences politiques.

En général, on a senti la nécessité d'instituer un contrôle permanent sur la tarification. Ce contrôle peut être préventif ou répressif. En France, l'action de l'État est essentiellement préventive; elle se manifeste par l'obligation imposée aux Compagnies de se

(1) Espagne, loi du 23 Novembre 1877. — Pays-Bas, loi du 9 Avril 1875. — Italie, *Cahier des charges* de 1885. — Picard, t. IV, p. 70.

(2) Concession du Chemin de fer de Bordeaux à Orléans.

munir d'une autorisation ministérielle pour percevoir une taxe quelle qu'elle soit. L'Administration a une entière latitude pour apprécier, non seulement la justice et la modération, mais même la convenance de la taxe à appliquer, pour accorder ou refuser l'autorisation, sans même avoir à motiver ses décisions. D'autre part, l'homologation d'un tarif a toujours un caractère provisoire qui la rend révocable à volonté.

En Angleterre et aux États-Unis, au contraire, l'autorité publique ne peut exercer qu'une action répressive. L'initiative des Compagnies se meut en pleine liberté; mais sur la demande des parties lésées, elle peut être ramenée dans des limites fixées par la loi ou par des règlements généraux d'administration.

On prétend qu'une législation récente a mis aux mains de l'État, dans ces deux pays, des moyens d'action plus puissants que ceux dont dispose le Gouvernement français. Les résultats pratiques de ces mesures nouvelles sont encore mal connus. Nous allons cependant examiner rapidement en quoi elles consistent.

Rappelons d'abord qu'en Amérique comme en Angleterre, les concessions de Chemins de fer ont une durée illimitée; cette situation, qui est à peu près sans exemple dans toute l'Europe continentale, mettait les Pouvoirs publics dans l'obligation de se réserver des garanties spéciales à l'égard de ces entreprises.

Aux États-Unis, cependant, ce n'est qu'après une période qu'on pourrait appeler chaotique, qu'une législation est intervenue pour réglementer dans chaque État l'exploitation des voies ferrées. A l'heure actuelle, treize États ont inséré dans leur Constitution des dispositions relatives aux Chemins de fer. M. Pelletan constate que huit de ces Constitutions interdisent les inégalités de traitement dans les tarifs, sept déclarent que les Pouvoirs publics fixeront au besoin par des lois des *maxima* raisonnables. D'autres interdisent aux Compagnies de restreindre par des contrats leurs responsabilités. Une Commission de trois membres, dont les attributions sont d'ailleurs assez vaguement définies puisqu'elles semblent tenir du judiciaire et de l'exécutif, est chargée de contrôler dans chaque État l'exploitation des Compagnies et l'application de leurs taxes. Dans le but d'unifier cette législation propre à chaque État et de réglementer les conditions de transports communs à diverses provinces, est intervenu, en 1887, *l'Interstate commerce bill*, qui, entre autres dispositions, charge une Commission fédérale, composée de cinq membres, du soin de surveiller « le caractère juste et raisonnable » des tarifs et de maintenir l'interdiction des traités particuliers, des tarifs différentiels injustes et des conventions entre les Compagnies concurrentes. D'ailleurs, comme nous le verrons plus loin, les Commissions américaines ont des attributions à peu près analogues à celles instituées par la loi anglaise, et nous en reparlerons à propos de ces dernières.

Nous ne croyons pas utile d'analyser en détail une législation dont aucune disposition ne concorde avec les principes de notre droit public et qui est en désaccord avec tout notre système administratif et judiciaire.

Nous ferons seulement remarquer que les résultats du bill de 1887 ne paraissent pas devoir être en parfaite conformité avec les assertions optimistes de l'honorable député. Ainsi, il résulte d'une étude publiée par le *Bulletin de la Commission internationale du Congrès des Chemins de fer (1889)* que « l'effet immédiat de la loi a été de troubler plus ou moins le trafic dans différentes régions du pays (1) ».

Mais lors même que la législation actuelle serait bien supérieure à la législation précédente — ce qui n'est pas contestable, — il ne s'ensuit pas qu'elle ait été adoptée pour donner aux États la haute main sur les tarifs et provoquer légalement un abaissement dans les taxes de transport. Tout autre a été la préoccupation du législateur américain. Il était si peu question de réduire les tarifs, que le premier acte de la Commission fédérale chargée de surveiller

---

(1) Note sur l'application de la loi fédérale du 5 Février 1887, portant réglementation de l'industrie des transports aux États-Unis d'Amérique, par M. Van Ersen.

l'application du bill a été de signaler les inconvénients produits par l'application de certains tarifs trop réduits. La Commission s'est demandé si la règle des tarifs justes et raisonnables ne condamne pas les tarifs trop bas, aussi bien que ceux qui sont trop élevés, et elle n'a pas eu de peine à reconnaître que l'intérêt général est lésé par ces abaissements extrêmes, aussi bien que par les variations fréquentes et « spasmodiques » des tarifs (1).

Ainsi la première préoccupation de la Commission a été non pas d'abaisser les tarifs, mais de signaler des relèvements à effectuer.

Il est à noter que, par opposition avec la Commission analogue qui fonctionne en Angleterre depuis 1873, la Commission fédérale des États-Unis ne constitue qu'un organe administratif de contrôle et n'a pas de juridiction propre ; l'intervention des tribunaux ordinaires est toujours nécessaire, même pour condamner les Compagnies qui refuseraient d'obéir aux injonctions de la Commission.

En Angleterre, dès 1854, la loi avait décidé que les Compagnies de Chemins de fer ne pourraient accorder aucune préférence indue ; M. Pelletan reconnaît que dans la pratique, par le vice d'une procédure compliquée, cette loi est restée longtemps à l'état de lettre morte, les tribunaux et même la Commission spéciale, chargée depuis 1873 des affaires des Chemins de fer, n'ayant pas réussi, malgré tous leurs efforts, à combattre utilement les inégalités de tarifs.

Il a fallu arriver en 1888 pour faire voter par le Parlement une loi qui, au dire de M. Pelletan, aurait mis aux mains de l'autorité publique des moyens d'action beaucoup plus puissants que ceux dont le Gouvernement dispose en France.

Quelles sont donc les innovations essentielles du bill de 1888 ? Que la Commission reconstituée ait été investie d'un pouvoir

(1) Deuxième Rapport de la Commission fédérale.

effectif pour la fixation des frais accessoires et autres, groupés sous la dénomination de *terminal charges*, c'est là un droit dont l'autorité administrative dispose pleinement dans notre pays.

Des simplifications ont été introduites dans la procédure pour permettre d'atteindre et de réprimer plus sûrement les préférences indues. Encore ne doit-on pas perdre de vue les précautions que le législateur anglais n'a jamais cessé de prendre, pour sauvegarder les vrais principes de la tarification, et limiter les droits des Commissaires. Les textes cités dans l'exposé des motifs de M. Mundella, l'auteur du projet, sont à cet égard d'une lecture singulièrement instructive. La Commission d'études instituée en 1867 s'exprimait ainsi :

« L'inégalité des tarifs, au point de vue des distances, outre « qu'elle est une conséquence nécessaire de la concurrence, est un « élément essentiel de l'entreprise des transports, c'est-à-dire que « le principe qui dirige une Compagnie de Chemins de fer dans la « fixation de ses taxes doit être de créer un trafic en fixant un tarif « qui permette aux produits d'une région de faire concurrence à « ceux d'une autre région sur un marché commun. »

Plus tard, en 1872, une autre Commission disait encore :

« La théorie de l'égalité des tarifs admet de nombreuses excep- « tions, celle, par exemple, de la concurrence par mer, ou bien « encore, lorsque les tarifs réduits pour de grandes distances « peuvent être avantageux au public. »

Enfin l'article 25 du dernier bill, précisant à la fois les combinaisons illégales que l'on a entendu proscrire, et les restrictions que le Parlement a néanmoins tenu à apporter à la prohibition absolue de tarifs de préférence, s'exprime ainsi :

« Lorsqu'il sera établi qu'une Compagnie de Chemin de fer appli- « que à un commerçant, à une classe de commerçants ou aux com- « merçants d'un district des tarifs inférieurs à ceux qu'elle applique « à d'autres pour des marchandises ou des services identiques ou « similaires, ou qu'elle fait subir à un ou plusieurs commerçants

« des inégalités de traitement, ladite Compagnie sera tenue de « prouver que ces inégalités ne constituent pas des cas de préférence « indue. Lorsqu'elle aura à décider si une différence de taxation ou « de service constitue ou non une préférence indue, la Cour compé- « tente en la matière, ou, suivant le cas, *la Commission prendra en « considération, outre les faits de la cause, la nécessité qu'il a pu y « avoir d'en agir ainsi, dans le but d'attirer, dans l'intérêt du public, « le trafic qui concerne ladite différence.* »

Il résulte clairement de tout ce qui précède que le Parlement d'Angleterre a toujours tenu à laisser une large initiative aux Compagnies et à respecter les règles de la tarification commerciale.

Quel que soit au surplus l'usage que les Cours et Commissions du Royaume-Uni feront des pouvoirs qui leur sont confiés, on ne saurait contester que le droit d'homologation préalable et révocable, tel qu'il existe en France, droit absolu, essentiellement arbitraire, qu'aucune condition ne limite, possède, au point de vue du Gouvernement, une efficacité bien plus complète que tous les contrôles dont l'action est purement répressive.

Mais le point principal sur lequel insiste M. Pelletan, c'est la disposition contenue dans l'article 24 du bill, et qui permet au Parlement de reviser à toute époque la classification des taxes, ainsi que les *maxima* inscrits dans les chartes de concession, pour établir de nouveaux prix qui seront imposés aux Compagnies.

Sur quel principe se fonde ici le droit de revision? L'acte législatif en vertu duquel un Chemin de fer peut être construit en Angleterre est plus que la simple autorisation en usage aux États-Unis; ce n'est pas non plus une convention à titre onéreux comme en France, c'est une convention unilatérale, soumise à des conditions nombreuses qui rappellent celles des Cahiers des charges de nos Compagnies. Une de ces conditions, considérée comme implicite au début, expresse le plus souvent, est que le concessionnaire reste soumis aux lois existantes ou à toutes celles que le Parlement croira devoir édicter en cette matière. Pour bien fixer les idées sur ce point important, il suffit de lire le texte qui, dans les *Standing-Orders* de la Chambre des Communes, a définitivement réglé ce point de législation : « La clause suivante sera insérée dans tout bill de « Chemin de fer : soit-il ordonné que rien de ce qui est contenu « dans le présent acte ne sera censé ou considéré comme ayant « pour effet d'exempter le Chemin de fer autorisé par la présente loi « ou par les actes susvisés, des dispositions d'aucun acte général « sur les Chemins de fer actuellement en vigueur ou qui serait adopté « pendant la session présente ou dans une session future du Parle- « ment, non plus que d'une revision ou modification future, par ordre « du Parlement, du maximum des tarifs, droits et péages autorisés « par le présent acte ou par les actes susvisés (1) ».

M. Mundella n'a pas manqué, dans son exposé des motifs, de s'appuyer sur ce texte d'après lequel, comme il le dit très bien, toute Compagnie anglaise a fait, avec le public et le Parlement, un traité qui l'assujettit *d'avance* aux conditions que le Parlement peut trouver bon de lui imposer de temps à autre.

Cette restriction se justifie, il est bon de le répéter, par ce fait que les concessions sont perpétuelles.

En France, le caractère bilatéral des conventions passées entre l'État et les Compagnies de Chemins de fer a créé une situation tout autre; c'est le contrat qui forme la loi des parties. Est-ce à dire que la revision des tarifs ne puisse jamais être entreprise? L'exemple de ce qui s'est passé en 1883 prouve qu'il n'en est rien. D'un commun accord, l'État et les Compagnies ont opéré à l'amiable une refonte complète des tarifs existants sur des bases fixées d'avance, et suivant des règles contradictoirement acceptées.

---

(1) Article 170 des *Standing-Orders*. — De Franqueville, *Régime des Travaux publics en Angleterre*, t. IV, p. 357. — Picard, t. III, p. 190.

Dans quelle mesure peut donc s'exercer en France l'action du législateur en matière de tarification?

Nous n'hésitons pas à le reconnaître; la loi pourrait tracer au Pouvoir exécutif des règles dans les limites desquelles il devrait se renfermer désormais.

Elle pourrait ainsi interdire l'homologation de tarifs conçus dans tel ou tel sens, contenant telle ou telle clause qu'elle qualifierait d'illégale; elle pourrait également prescrire le retrait des homologations concédées dans des circonstances semblables à celles pour lesquelles dans l'avenir la faculté d'homologation serait supprimée; elle pourrait même déclarer que les prix spéciaux *qui seront homologués dans l'avenir* seront de plein droit soumis à telle ou telle condition nouvelle.

Mais nous ne saurions concéder que son intervention pût dépasser ces limites, et il nous semble que l'on ne peut hésiter sur ce point que si l'on fait une confusion entre ce que le législateur a le *pouvoir de faire* et ce qu'il a le *droit* de faire.

Le législateur n'a pas plus le droit de modifier les rapports contractuels qui lient l'État et les Compagnies, qu'il ne pourrait intervenir entre particuliers pour aggraver ou diminuer la portée des engagements contractés par l'un d'eux.

En limitant ainsi l'intervention de l'État, en matière de tarification, nous ne faisons que préciser une distinction que les partisans les plus déterminés de ses droits ont été amenés eux-mêmes à proclamer. Voici notamment ce que disait M. C. Pelletan à la tribune de la Chambre (1).

« Je ne proposerai pas des mesures aussi radicales que celles que « le Parlement anglais a votées. Mais je défie qui que ce soit ici « de me dire que l'État n'a pas le droit de légiférer, *non pas pour « établir des tarifs*, mais pour régler certains des points qui s'y « rapportent; je défie qu'on me dise que, quand de grandes Com- « pagnies combinent leurs taxes de façon à annuler une taxe de

(1) Interpellation Thévenet, discours du 16 Mars 1886.

« douane, qui est, qu'on l'approuve ou non, une loi du pays après « tout; je défie que l'on me dise que vous n'avez pas le droit d'in- « terdire aux Compagnies de supprimer les effets d'une loi par les « tarifs qu'elles établissent.

« J'en dis autant des clauses qui, comme les paliers ou les « conditions et fractions déterminées en ce qui concerne le poids, « permettent de compter 20 kilomètres quand il n'en est parcouru « que 15, ou 20 kilogrammes quand il n'en a été expédié que 11. « Je défie que l'on me dise que la loi ne *peut pas interdire* ces pro- « cédés des grandes Compagnies. Je défie qu'on ne reconnaisse pas « à la loi le *droit d'interdire des stipulations* qui constituent de véri- « tables articles d'un Code civil rédigé par les Compagnies (1). »

Sans apprécier comme M. Pelletan les tarifs qu'il signale, nous admettons pour le législateur ce droit d'interdiction. Les Compagnies ne seraient pas bien reçues à se prétendre lésées par le refus d'homologation de semblables tarifs; elles ne le sont pas davantage par une disposition de loi tendant à prohiber définitivement des homologations de ce genre.

Mais tout autres seraient l'hypothèse et la solution dans le cas où le législateur entreprendrait de modifier de sa propre autorité les tarifs existants: de les diviser en déclarant qu'ils seront exécutés partiellement et sans égard à certaines des clauses qu'ils contiennent; dans le cas aussi où il déclarerait certains tarifs, actuellement en vigueur, applicables à des situations autres que celles qu'ils ont voulu régir.

Dans tous ces cas, et autres semblables, le législateur sortirait de son rôle et commettrait un abus de pouvoir; il prononcerait, par une voie indirecte et détournée, la confiscation d'un droit assimilable à une propriété privée, dont le sacrifice ne peut jamais être demandé au nom de l'intérêt privé qu'à charge d'une juste indemnité.

Mais si, par impossible, l'État pouvait être tenté, au mépris de

(1) *Voir* aussi l'Exposé des motifs (p. 71 et suivantes).

tous les contrats, d'opérer une main-mise sur les tarifs, oserait-on affirmer qu'une telle mesure serait conforme à l'intérêt public ? A des inconvénients que l'on voit, dont on souffre même si on veut, ne tendrait-on pas à substituer un danger plus grave ?

« L'État maître des tarifs, disait M. Raynal en 1886, c'est aussi l'État esclave des tarifs (1). Ses intérêts ne seraient-ils pas menacés par l'effet des sollicitations incessantes, de la pression qui serait exercée sur lui par les populations dont le seul désir serait d'alléger les charges des transports, ou par leurs représentants politiques ? A-t-il quelque chose à gagner à assumer l'impopularité qui pèse aujourd'hui sur les Compagnies, lorsqu'elles défendent un intérêt qui est autant le sien que le leur propre ? »

Plus d'une fois la question s'est posée devant les Chambres, notamment en 1883, par voie d'amendement, lors de la discussion sur les conventions.

Les représentants du Gouvernement ont toujours reconnu qu'aucune modification ne pouvait être introduite dans la tarification sans l'assentiment des Compagnies.

Mais, oppose-t-on, si les droits du pouvoir exécutif, ceux du législateur lui-même sont ainsi limités, toute amélioration à la situation actuelle pourra devenir impossible en présence d'une résistance aveugle, d'un *non possumus* persistant émanés des Compagnies. On entrera en négociations avec elles, soit ; mais si ces négociations n'aboutissent à aucun résultat, l'État devra-t-il dénoncer tous les tarifs existants, faire rentrer tous les transports sous le régime des tarifs généraux ou même des tarifs *maxima* des Cahiers des charges ? Est-ce compatible avec la vie commerciale ou industrielle de la nation ?

Nous reconnaissons qu'en cas de conflit insoluble entre les Compagnies et l'État, le régime actuel de nos voies ferrées n'a pas

(1) Séance du 22 Mars 1886.

prévu d'autre solution que la ressource extrême du rachat. Mais sans qu'il puisse y avoir lieu de recourir à des solutions aussi extrêmes, l'accord naîtra toujours du souci des intérêts communs de l'État et des Compagnies. C'est ce qui fait qu'entre eux les négociations ont toujours donné des résultats pratiques qui, il est vrai, peuvent ne pas satisfaire les esprits absolus, mais qui n'en constituent pas moins de continuels et incontestables progrès.

CHAPITRES VII & SUIVANTS

EXAMEN DE LA PROPOSITION DE LOI

Nous allons maintenant examiner les dispositions de la proposition de loi. Pour plus de clarté, nous suivrons l'ordre des articles, en reproduisant le texte de ceux qui font l'objet d'une observation.

CHAPITRE PREMIER

Dispositions générales.

Article premier.

Aucune taxe ne peut être perçue par les entreprises de Chemins de fer qu'en vertu d'un acte du Gouvernement.

Art. 2.

Les taxes de transport substituées aux taxes établies par le tarif du Cahier des charges ne peuvent être perçues qu'avec l'homologation du Ministre des Travaux publics.

Cette homologation peut toujours être retirée. Dans ce cas, la taxe qui était perçue immédiatement avant celle dont l'homologation a été retirée, est remise en vigueur de plein droit.

Les articles 1 et 2, paragraphe 1er, ne sont que la reproduction à peu près textuelle de l'article 48 du Cahier des charges, paragraphe 3, et de l'article 44 de l'Ordonnance de 1846.

Le paragraphe 2 de l'article 2 établit une faculté déjà consacrée par l'usage, car l'homologation ministérielle n'est jamais donnée qu'à titre provisoire, et les Compagnies de Chemins de fer ont formellement reconnu au Ministre le droit de la rapporter (*Voir* Picard, *Traité des Chemins de fer*, tome IV, p. 42).

Quant à la question de savoir quelle doit être, en cas de retrait d'homologation, la nouvelle taxe à appliquer, c'est une question délicate et il ne paraît pas qu'il y ait intérêt à légiférer sur ce point. Il peut se faire que la taxe perçue antérieurement à celle homologuée en dernier lieu, ait été retirée à la demande même de l'Administration, et qu'il y ait des inconvénients à la remettre en vigueur. Ainsi que le fait observer très judicieusement M. Picard, c'est là une question dont l'intérêt est plus théorique que pratique, et on peut compter qu'une solution satisfaisante résultera toujours de l'intérêt commun des Compagnies et du public.

Art. 3.

Les taxes, dites accessoires, les taxes de transports des objets exclus du tarif du Cahier des charges, et les délais réglementaires de transports, sont fixés par le Ministre des Travaux publics, sur la proposition des entreprises de Chemins de fer.

Les articles 45, 46, 47 et 51 du Cahier des charges donnent au Ministre le droit de statuer, sur la proposition des Compagnies, en ce qui touche les frais accessoires et les taxes afférentes aux objets exclus du tarif général inscrit au Cahier des charges. Les dispositions de l'article 3 sont donc sans intérêt pratique.

Art. 4.

La perception des taxes doit se faire indistinctement et sans aucune faveur.

Tout traité particulier qui aurait pour effet d'accorder à un ou plusieurs expéditeurs, une réduction sur les tarifs approuvés, demeure formellement interdit.

Cette disposition n'est pas applicable aux traités passés entre le Gouvernement et les Compagnies, dans l'intérêt d'un service public, ni aux réductions ou remises accordées aux indigents.

Art. 5.

Les tarifs des Chemins de fer peuvent contenir, outre les taxes établies proportionnellement aux distances parcourues sur l'ensemble ou une partie du Réseau, des prix fermes d'un point à un autre.

Ils peuvent stipuler des abaissements de taxes moyennant certaines conditions acceptées ou remplies par l'expéditeur ou le destinataire, notamment en ce qui concerne les quantités de marchandises expédiées, leur chargement et leur déchargement, le mode et les délais de transport.

Art. 7.

Les poids sont comptés, pour la grande et la petite vitesse, par fractions de 10 kilogrammes au plus. Pour les excédents de bagages et les marchandises à grande vitesse, des coupures doivent être établies au moins de : 1° 0 à 5 kilogrammes; 2° de 5 à 10.

La perception des taxes calculées d'après la distance a lieu d'après le nombre de kilomètres parcourus, tout kilomètre entamé étant payé comme s'il avait été parcouru en entier.

Si la distance parcourue est inférieure à six kilomètres, elle peut être comptée pour 6 kilomètres.

Le minimum du prix à percevoir, pour une expédition quelconque, peut être fixé à 0 fr. 40 c.

On peut faire au sujet de ces articles et des précédents les observations suivantes :

Les articles 4 et 5 ci-dessus, ainsi que l'article 7 dont nous avons interverti l'ordre pour ce motif, ne sont que la reproduction, exacte au fond, mais plus ou moins différente dans la forme, des articles 48 et 42 du Cahier des charges. Ils sont donc sans utilité pratique.

Que sert de reproduire, soit textuellement, soit avec quelques modifications de forme, les dispositions actuellement obligatoires? Leur autorité n'en sera nullement augmentée. A l'heure qu'il est, elle est double : ce sont des actes de l'autorité publique, assimilables en plus d'un point aux actes législatifs, comme eux s'imposant à l'état de règle inflexible aux particuliers, aux Compagnies, aux Tribunaux; donnant aussi lieu au pourvoi en cassation en cas de violation ou de fausse application. Mais elles sont en outre revêtues d'un caractère contractuel : elles sont la base des engagements respectifs contractés par les Compagnies concessionnaires et par l'État; l'une des parties contractantes ne pourrait y déroger sans le consentement de l'autre. Leur insertion dans une loi nouvelle ne leur ferait certainement pas perdre ce caractère, mais le laisserait moins en évidence. Il est difficile d'y voir un avantage.

Quant aux différences de rédaction que l'on y peut constater, elles ne nous paraissent pas avoir d'importance sérieuse. Mais il y a toujours inconvénient à modifier la forme de stipulations dont le sens a été fixé par la jurisprudence : on peut se demander si le législateur n'a pas voulu modifier en quelques points la législation existante.

Art. 6.

Les taxes perçues pour le transport des marchandises d'une station à une autre sont toujours calculées d'après l'itinéraire pour lequel les tarifs établissent les prix les plus bas.

En règle générale, les taxes sont toujours calculées d'après l'itinéraire pour lequel les tarifs indiqués donnent le prix le plus réduit. Toutes les Compagnies se sont mises d'accord pour décider l'application d'office des prix réduits des tarifs spéciaux, sous condition de la demande faite par l'expéditeur du tarif le plus réduit, dans la forme la plus simple (*Voir* à cet égard l'article 9). Nous ne nous expliquons donc pas la portée de cet article 6.

Art. 8.

Toute disposition introduite dans les tarifs généraux ou spéciaux des entreprises des Chemins de fer, et établissant des prix plus élevés que ceux qui résulteraient des distances et des poids comptés conformément à l'article précédent, est nulle de plein droit.

Alors même que les prix d'un tarif en vigueur seraient comptés par fractions indivises de plusieurs kilomètres, ou par fractions de poids plus fortes que les fractions légales indiquées ci-dessus, la taxe réclamée à l'expéditeur ne peut jamais être supérieure à celle qui résulte du nombre exact des kilomètres parcourus et des fractions légales de poids transportés, en calculant le prix du transport pour chaque kilomètre et pour chaque fraction de poids, d'après le prix établi par le tarif pour la distance et le poids immédiatement inférieur.

Cet article vise spécialement les tarifs dits « tarifs à paliers », comportant des coupures de distances et un prix unique pour chaque coupure.

Sous le nom de « tarifs par zones », des tarifs de ce genre viennent de recevoir une grande extension en Autriche-Hongrie pour le transport des voyageurs. Quelque opinion qu'on ait sur les résultats d'une semblable innovation, il n'y a évidemment aucun motif de la proscrire par voie législative.

Telle n'est pas d'ailleurs la portée de cet article, à en juger par son deuxième alinéa. On admet qu'il peut être fait des tarifs à paliers, mais à la condition que « la taxe réclamée à l'expéditeur ne puisse « jamais être supérieure à celle qui résulte du nombre exact des « kilomètres parcourus et des fractions de poids transportées, en

« calculant le prix du transport pour chaque kilomètre et pour « chaque partie de poids, d'après le prix établi par le tarif pour « la distance et le poids immédiatement inférieurs. »

Nous avouons ne pas concevoir la possibilité d'établir un tarif à paliers satisfaisant à cette condition ; si nous supposons que ce tarif donne, pour 100 kilomètres, une taxe de 10 francs, par exemple, et que la coupure suivante comprenne des distances de 100 à 120 kilomètres, pour peu que la taxe correspondante à cette coupure soit supérieure à 10 fr. 10 c., la taxe perçue, pour la distance de 101 kilomètres, sera supérieure à ce que donnerait l'application à ces distances de la base kilométrique de la taxe à 100 kilomètres. Faudra-t-il, au lieu d'appliquer purement et simplement, pour une distance dénommée, le prix de la coupure dans laquelle cette distance se trouve comprise, faire d'abord le calcul de ce que donnerait l'application à cette distance de la base kilométrique d'après la coupure immédiatement inférieure, faire la comparaison des deux prix et appliquer le plus réduit ? Ce serait là une source de complications qui rendrait bien difficile, sinon impossible, dans la pratique, l'application des tarifs à paliers ou des tarifs par zones, et leur ferait perdre les avantages de simplicité qui les ont fait adopter par certaines Administrations.

M. Pelletan reconnait, dans l'exposé des motifs, que les tarifs de gare à gare qui, avec la clause des stations non dénommées, sont de véritables tarifs par zones, doivent rester en dehors de la règle posée par l'article 8. Au fond, cet article ne vise que les tarifs généraux à paliers de la Compagnie P.-L.-M. et certains tarifs spéciaux de cette même Compagnie ou communs entre elle et les Compagnies voisines. D'après l'exposé des motifs, l'homologation des tarifs de ce genre serait contraire aux règles édictées par l'article 42 du Cahier des charges, d'après lesquelles la perception doit avoir lieu d'après le nombre de kilomètres parcourus. Il suffit de se reporter au texte de cet article 42 pour constater qu'il ne s'agit que de l'application de tarifs *maxima* légaux visés par cet article. Les tarifs généraux inférieurs à ces tarifs légaux ne sont, en définitive, autre chose que de véritables tarifs spéciaux établis par les Compagnies, en vertu de l'article 48 du Cahier des charges, et la règle posée par l'article 42 ne peut leur être appliquée, pas plus que ce même article 42 n'interdirait, le cas échéant, l'application aux voyageurs de tarifs généraux par zones analogues aux tarifs hongrois.

En fait, la question a été soigneusement examinée par le Comité consultatif, à la suite de la Convention de 1883, lors de l'homologation des nouveaux tarifs de la Compagnie P.-L.-M., qui ont été approuvés par le Ministre.

Ajoutons que depuis cette époque les tarifs à paliers se sont multipliés, et que l'opinion publique semble favorable à ce mode de tarification, si l'on en juge par les essais tentés en Autriche-Hongrie.

Art. 9.

La clause par laquelle une entreprise de Chemin de fer exige, pour faire bénéficier un expéditeur d'une taxe réduite, qu'il en ait fait la demande expresse, est nulle de plein droit.

Toutefois, si la taxe réduite est soumise à des conditions exceptionnelles de délai ou de mode de transport, l'expéditeur doit être mis expressément en demeure de choisir entre les deux taxes.

S'il ne l'a pas fait, il est toujours présumé avoir demandé la taxe réduite.

Aujourd'hui, les tarifs spéciaux à prix réduits ne sont applicables que sur la demande de l'expéditeur. La jurisprudence n'a jamais varié sur la nécessité de cette demande; mais il faut reconnaitre aussi qu'elle a été très large sur la manière, souvent fort implicite, de la formuler (1).

La raison en est facile à concevoir. Les tarifs spéciaux entrainent presque toujours l'application de conditions diverses, dérogeant

(1) *Voir* notamment Cass., 6 Février 1877, Lyon contre Stable; 30 Novembre 1881, Midi contre Péponey; 31 Mars 1874, Lyon contre Haas; 9 Avril 1877, Midi contre Conssicart; 10 Février 1886, Est contre Stiegelmann.

en certains points aux règles générales des transports. Parmi elles, les prolongations de délais sont les plus fréquentes, mais elles sont loin d'être les seules. Il faut une acceptation expresse, de la part de l'expéditeur, de ces conditions exceptionnelles, pour qu'elles puissent lui être applicables, ainsi que le tarif réduit dont elles sont inséparables. Il ne s'agit donc pas tant d'une clause formelle des tarifs prescrivant l'option de l'expéditeur, que d'une règle de droit et de logique. C'est ce que l'Administration a toujours répondu lorsqu'elle a été saisie de réclamations de ce genre (1).

Le projet de loi a cru résoudre cette difficulté en édictant, qu'en ce cas, l'expéditeur devrait être mis expressément en demeure de choisir. Comment opérer pratiquement cette mise en demeure et en assurer la preuve ? Elle résulte suffisamment de ce que les formules imprimées mentionnent, parmi les indications à fournir par l'expéditeur, celle qui est relative au tarif demandé, alors qu'il suffit d'inscrire dans le blanc réservé à cet effet les mots *tarif réduit* ou tout autre indication équivalente.

La modification réellement importante, apportée par le projet au droit actuel, se réduit donc en réalité à édicter la présomption, au cas de silence du bulletin d'expédition, que l'intéressé a opté pour le tarif réduit avec toutes ses conséquences. C'est là un point sans intérêt pour les Compagnies mais non pour le public, et l'on restera toujours en face de cette objection puissante qu'il paraitra peu rationnel, au cas où l'expéditeur n'a pas manifesté son intention, de présumer son option pour des conditions particulières qu'il ne connait peut-être pas, dont il n'a pas apprécié le caractère onéreux et prévu les conséquences en vue de l'application desquelles il n'a peut-être pas pris les mesures nécessaires, plutôt que pour les conditions normales du transport sur lesquelles il a logiquement dû compter.

(1) *Voir* notamment la circulaire ministérielle du 25 Novembre 1861 aux Chambres de Commerce.

Art. 10.

Le bénéfice des taxes réduites établies pour le transport de certaines marchandises entre deux stations dénommées, peut être réclamé, aux conditions fixées par le tarif, pour le transport des mêmes marchandises dans le même sens, sur la voie la plus courte d'une de ces stations à l'autre, entre l'une d'elles et une station intermédiaire, ou entre deux stations intermédiaires.

Toutefois, le bénéfice des taxes de transit ou d'exportation ne peut pas être réclamé pour les transports aboutissant à une station située dans l'intérieur du territoire français.

L'application des tarifs spéciaux aux stations intermédiaires non dénommées ne fait pas de difficulté dans la pratique. Depuis 1864, les tarifs spéciaux contiennent une clause dans ce but ; si les termes n'en sont pas identiques, l'esprit et les résultats en sont les mêmes. Il peut y avoir cependant, dans certains cas, un réel intérêt à admettre des exceptions à cette règle. En les interdisant par une prescription législative, on pourrait à un moment donné faire obstacle à des combinaisons de tarifs fort nécessaires.

C'est ainsi, par exemple, que l'on a jugé utile d'exempter de la clause des stations non dénommées certains prix établis au départ des ports de mer desservis par le réseau du Nord, tels que Dunkerque. Ces prix avaient pour objet de permettre à ces ports de lutter contre la concurrence des ports belges, et particulièrement de Gand, de Terneuzen et d'Anvers. Leur application au départ des stations intermédiaires non dénommées aurait été sans intérêt réel pour ces localités elles-mêmes, mais elle aurait permis aux marchandises importées par les ports belges d'en profiter par voie de soudure à très petite distance de la frontière. L'effet qu'on devait attendre du tarif, au point de vue des intérêts des ports français, se serait ainsi trouvé annulé.

Art. 11.

Le bénéfice des taxes réduites, établies pour le transport de certaines marchandises entre deux stations dénommées, peut être réclamé, aux conditions fixées par le tarif, pour la part du prix de transport correspondant au parcours auquel cette taxe s'applique, par les expéditeurs qui feront transporter des marchandises de même nature, par la même voie, et dans le même sens, d'une station plus éloignée, ou à une station plus éloignée.

Toutefois, le bénéfice des taxes de transit et d'exportation ne peut pas être réclamé pour les transports aboutissant à une station située dans l'intérieur du territoire français.

Toutes les Compagnies admettent aujourd'hui, d'une manière générale, ce qu'on appelle la « soudure des tarifs spéciaux », c'est-à-dire que, si un prix est accordé pour certains transports d'un point à un autre, les marchandises qui vont au delà ou qui viennent de plus loin profitent, pour la partie correspondante de leur trajet, de cette taxe réduite.

Il est fait cependant des exceptions à cette règle dans des cas tout à fait particuliers; dans celui, par exemple, où l'établissement entre deux points déterminés d'un prix exceptionnellement réduit, motivé par des circonstances spéciales, serait rendu impossible, si, par suite de la faculté de soudure, les réductions consenties se trouvaient avoir une extension imprévue et entraîner ainsi de trop lourds sacrifices.

En interdisant, par une prescription légale, des exceptions de ce genre, on risquerait de rendre impossible, à un moment donné, des réductions de prix commandées par l'intérêt général, et même, dans certains cas, de favoriser l'importation étrangère.

L'article 11, tel qu'il est rédigé, donne d'ailleurs à la faculté de soudure une extension tout à fait excessive. — En le prenant à la lettre, s'il s'agit de taxer une marchandise de Toulouse à Châteauroux, par exemple, en passant par Limoges et Saint-Sulpice-Laurière, et s'il existe, pour les mêmes marchandises, un prix ferme d'Angoulême à Montluçon, empruntant le même parcours de Limoges à Saint-Sulpice-Laurière, la taxe de Toulouse à Châteauroux pourra être établie en soudant :

1° La taxe de Toulouse à Limoges;

2° La taxe de Saint-Sulpice-Laurière à Châteauroux;

3° La part du prix d'Angoulême à Montluçon, afférente au parcours d'Angoulême à Montluçon.

On devra donc, pour calculer une taxe de Toulouse à Châteauroux, rechercher tous les prix existant entre toutes les gares du Réseau dont les relations s'établissent en empruntant une section quelconque de la ligne de Toulouse à Châteauroux et essayer toutes les combinaisons de soudure auxquelles tous ces prix pourront donner lieu de façon à choisir le plus économique.

Il est clair que le calcul de la moindre taxe donnerait ainsi lieu à des complications de tarifs absolument inextricables. On irait contre le but que tout le monde se propose, et M. Pelletan tout le premier, la simplification des tarifs (1).

Art. 12.

Si une taxe réduite est applicable sur le Réseau d'une entreprise de Chemin de fer aux marchandises provenant des pays étrangers, entre la frontière ou un port maritime, d'une part, et un point quelconque du territoire français, d'autre part, le bénéfice de cette taxe réduite peut être réclamé, dans les conditions fixées par le tarif, pour les marchandises expédiées des autres stations du même Réseau au même point d'arrivée, toutes les fois que la distance à parcourir est égale ou moindre.

Cet article est relatif aux tarifs d'importation qui, grâce au nom

(1) Voir à ce sujet l'Annexe B.

expressif de « tarifs de pénétration », ont donné lieu aux plus vives attaques. Ils sont devenus l'objet d'une véritable légende que M. Pelletan, dans son exposé des motifs, ne manque pas de rééditer. Non seulement, dit-il, ces tarifs annulent les tarifs douaniers établis par la loi au profit du travail national, mais ils constituent une véritable détaxe au profit du travail étranger. L'État a, par conséquent, le droit et le devoir d'interdire aux Compagnies de léser un très grand intérêt national pour attirer un trafic très restreint. D'ailleurs, ajoute-t-il, ces tarifs ont été jugés rémunérateurs par les Compagnies, puisqu'elles ont cru devoir les établir de leur libre initiative; la loi peut donc, au nom de l'équité, en étendre l'application à tous les produits similaires nationaux pour la même distance.

Est-il besoin de dire ici que les Compagnies n'ont jamais eu l'intention de léser les intérêts de la production nationale, dont leurs propres intérêts sont étroitement solidaires, ni d'annuler, par des combinaisons de prix, les tarifs douaniers ? Elles croyaient avoir donné à cet égard toutes les garanties désirables, lorsque, dans les lettres annexées aux Conventions de 1883, elles ont pris l'engagement « de se tenir à la disposition de l'Administration pour modi- « fier toute combinaison de prix, dont l'effet pourrait être d'altérer « les conditions économiques résultant de notre régime douanier, « sous la seule réserve que les marchandises visées par ces tarifs ne « seront pas importées en France à plus bas prix par d'autres voies « de transport ».

On sait quelles sont les voies concurrentes dont il est ici question : ce sont, dans certains cas, sur notre frontière du Nord, par exemple, les voies ferrées et voies d'eau de la Belgique, exploitées pour le plus grand intérêt du port d'Anvers; ce sont, en France, les voies navigables, voie de mer et voies intérieures de navigation, par lesquelles les produits étrangers pénètrent jusqu'au cœur du pays à des prix toujours très inférieurs à ceux des Chemins de fer. A quoi bon, en effet, forcer les Chemins de fer à supprimer leurs prix, si cette suppression ne doit avoir d'autre résultat que d'abandonner à la navigation le monopole des transports, d'imposer ainsi une perte sèche aux Compagnies, et, par le jeu de la garantie d'intérêt, à l'État, et cela évidemment sans aucun profit pour la production nationale (1)? Il va de soi, d'ailleurs, que dans la comparaison à faire entre les prix perçus sur le Chemin de fer et ceux que peuvent offrir les voies concurrentes, les Compagnies et l'Administration ont toujours fait, pour en établir l'équivalence, une juste appréciation de l'écart à maintenir entre les deux moyens de transport, de façon à tenir compte des divers avantages que peut procurer l'emploi de la voie ferrée. — En fait, les enquêtes prolongées auxquelles l'Administration s'est livrée, à la suite des engagements pris par les Compagnies en 1883 n'ont jusqu'ici révélé l'existence d'aucun tarif d'importation ayant un caractère abusif, ou, comme diraient les Anglais, « de préférence injustifiée » et dont il y eût lieu de demander la modification. Une nouvelle enquête se poursuit en ce moment auprès de toutes les Chambres de Commerce par les soins du Conseil supérieur du Commerce et de l'Industrie. Si, d'après les résultats de cette enquête, certains tarifs paraissent critiquables, l'Administration est suffisamment armée pour en exiger, soit la suppression en retirant l'homologation toujours donnée à titre provisoire, soit la modification, en réclamant l'exécution des engagements de 1883, et en convoquant au besoin, en cas de désaccord avec les Compagnies, la Commission arbitrale que celles-ci ont acceptée pour juge. Le Ministre des Travaux publics possède donc, dans l'état actuel de la législation, les pouvoirs les plus étendus et les plus efficaces pour prévenir ou pour réprimer tout abus.

---

(1) Il n'est pas inutile de donner ici les chiffres comparés du tonnage à l'importation transporté par la batellerie de la Seine et par la voie ferrée du Havre et de Rouen sur Paris.

En 1888, la batellerie a importé 879,956 tonnes et le Chemin de fer, malgré ses tarifs de pénétration, 266,363 tonnes seulement. Dans ces tonnages, les céréales et les vins, dont l'importation intéresse particulièrement l'agriculture nationale, entrent pour les chiffres suivants :

	CÉRÉALES	VINS
Par la batellerie	350,050 t.	172,243 t.
Par la voie ferrée.	87,299	80,572

Au surplus, M. Pelletan veut bien reconnaître — et c'est un témoignage précieux à recueillir — qu'il n'existe pas sur nos Chemins de fer « des tarifs de pénétration créés uniquement pour le « plaisir désastreux de désavantager les produits français », et que tous les tarifs incriminés ont une raison d'être. Ces prix sont utiles et doivent être maintenus, le Ministre ne devrait pas en homologuer le relèvement, mais du moment où la Compagnie qui les a établis les a jugés suffisamment rémunérateurs, la loi peut et doit en étendre l'application aux produits nationaux similaires (pages 108 et 109 de l'exposé des motifs). — Nous croyons avoir suffisamment démontré, en discutant le Chapitre VI (page 66), qu'une disposition législative ayant pour objet d'imposer aux Compagnies, contre leur gré, l'application de prix inférieurs à ceux prévus à leur Cahier des charges, contrairement au droit d'initiative que l'article 48 de ce Cahier des charges leur a expressément réservé, constituerait une violation du contrat et, par conséquent, une véritable spoliation. Si rien ne s'oppose en droit à ce que la loi fixe des conditions auxquelles le Ministre doive à l'avenir subordonner l'homologation de tarifs pouvant présenter le caractère de tarifs d'importation, ces conditions ne peuvent être rendues applicables *ipso facto* aux tarifs actuels. On ne pourrait le faire sans violer, non seulement les droits que les Compagnies tiennent de leur Cahier des charges, mais encore un principe d'ordre plus général et dont l'application s'impose au législateur lui-même, celui de la non-rétroactivité des lois. Tout ce que peut faire la loi pour les tarifs existants, c'est d'exiger que les Compagnies retirent ces tarifs, si elles veulent échapper à la conséquence nouvelle, mais obligatoire de la nouvelle législation, et si elles ne consentent pas à ce que ces tarifs régissent désormais des transports autres que ceux prévus, soit par elles-mêmes lorsqu'elles les ont proposés, soit par le Gouvernement lui-même lorsqu'il les a revêtus de son homologation.

On peut être certain qu'en fait la suppression de ces tarifs serait la solution qui s'imposerait dans la plupart des cas. — On prétend, il est vrai, que, ces prix ayant été suffisamment rémunérateurs, rien ne peut s'opposer à leur extension. Est-il besoin d'expliquer ici que des prix exceptionnels peuvent être rémunérateurs, en ce sens qu'ils sont supérieurs au prix de revient spécial du transport, et couvrent même une partie des frais généraux, tout en étant notablement inférieurs au tarif moyen nécessaire pour couvrir, en dehors des frais spéciaux du transport, l'intégralité des frais généraux et les charges de capital? Des prix réduits de ce genre sont avantageux s'ils attirent sur le Chemin de fer un trafic nouveau, quel que soit le bénéfice qu'ils procurent, mais leur généralisation serait désastreuse.

L'application des règles posées par l'article 12 du projet de loi aurait donc certainement pour résultat la suppression de la plupart des prix réduits établis au départ de nos ports de mer. Les conséquences seraient des plus graves : il ne s'agit pas seulement de la perte du trafic d'importation que certains prix réduits peuvent avoir pour but de disputer aux voies navigables; la mesure aurait une bien autre portée. Dunkerque, Calais, Rouen, le Havre, Nantes, Bordeaux, Bayonne, Cette, Marseille, ne sont pas seulement des ports d'importation, ce sont des centres commerciaux et industriels de premier ordre. — Comme tous les prix réduits établis en leur faveur, même en vue d'un intérêt purement local, pourraient éventuellement être utilisés par des marchandises de provenance étrangère, et tomberaient, par conséquent, sous le coup de l'article 12, ces ports se trouveraient placés, au point de vue de l'établissement des prix de gare à gare, dont M. Pelletan lui-même reconnait la nécessité (art. 8), dans une situation d'exception et, par conséquent, dans un état d'infériorité. Un pareil état de choses, en apportant une perturbation profonde dans des situations acquises, provoquerait certainement les réclamations les plus vives et les plus fondées.

Les dispositions de l'article 12 feraient-elles au moins disparaitre les anomalies dont on croit avoir à se plaindre? Seraient-elles d'une application pratique et efficace? Il est facile de démontrer qu'il n'en est rien. On propose de décider que, s'il existe un prix déterminé d'un point frontière sur une localité de l'intérieur, ce prix sera applicable pour les expéditions faites sur cette même localité de toutes les gares du Réseau situées à une distance égale ou inférieure. Si, par exemple, la Compagnie de l'Ouest taxe une marchandise quelconque à 10 fr. la tonne du Havre à Paris (226 kilomètres), tout objet de même nature expédié de toute autre station du réseau de l'Ouest sur Paris, à une distance égale ou moindre, devra être également taxé à 10 francs; s'il vient de plus loin, il n'aura à payer que 10 francs pour les 226 derniers kilomètres, en y ajoutant, par voie de soudure, la taxe correspondant au parcours supplémentaire, calculée d'après le tarif ordinaire. On aura ainsi autour de Paris toute une zone dans laquelle le prix de 10 francs sera invariable. Cette zone comprendra tout l'espace compris sur le Réseau de l'Ouest entre les stations éloignées de 226 kilomètres de Paris, et les points les plus rapprochés pour lesquels l'application des tarifs intérieurs donnera une taxe égale ou inférieure à 10 francs.

A-t-on songé à toutes les anomalies qui en résulteront, à toutes les réclamations auxquelles elles ne pourront pas manquer de donner lieu? Le même projet de loi qui, par son article 7, supprimerait les paliers de 2 à 5 kilomètres, en établirait indirectement de bien plus étendus. Au lieu d'une artère privilégiée comme la ligne du Havre à Paris, pour laquelle un régime spécial est pleinement justifié, non seulement par la concurrence de la voie navigables, mais aussi par les conditions d'établissement de la ligne et par l'intensité du trafic, on aurait une sorte de secteur privilégié, non seulement par rapport aux régions situées sur le Réseau de l'Ouest, pour lesquelles les prix obtenus par voie de soudure se trouveraient être kilométriquement plus élevés pour des distances supérieures, mais aussi, et bien plus encore, par rapport aux localités situées aux mêmes distances de Paris, sur d'autres Réseaux.

A-t-on également songé aux complications qui en résulteraient pour l'application des taxes? Dans le Chapitre XI de son exposé des motifs, M. Pelletan fait une critique peut-être plus spirituelle que réellement fondée, des difficultés qu'éprouve actuellement le public pour l'établissement d'une taxe. Ces difficultés, lorsqu'elles existent, naissent principalement de la recherche des diverses combinaisons de soudure sur les prix spéciaux de gare à gare que l'expéditeur peut avoir intérêt à revendiquer.

Que serait-ce si, pour chercher la taxe la plus économique à appliquer à une marchandise, on devait essayer toutes les combinaisons de soudure avec les prix des tarifs spéciaux ou communs applicables à cette marchandise, la soudure pouvant être faite, non seulement en un point de l'itinéraire sur lequel ces prix sont établis, mais en un point quelconque situé à l'intérieur d'un vaste secteur ayant pour centre le point de destination du tarif? Il serait facile de prouver par des exemples que, dans ces conditions, l'établissement de la moindre taxe deviendrait une opération absolument inextricable.

Nous pouvons ajouter que cet article 12 serait absolument inefficace pour la protection des intérêts que l'auteur du projet se propose de sauvegarder. Il pourra, en effet, avoir pour résultat d'empêcher les Compagnies du Midi, de Lyon ou d'Orléans, de faire les réductions de prix nécessaires pour conserver sur leurs rails une faible partie du transport des vins d'Espagne ou d'Italie, qui entrent aujourd'hui en France en bien plus grande quantité et à des prix très inférieurs par les ports de Rouen, du Havre et par la Seine. Mais en quoi fera-t-il obstacle à ce que la Compagnie de l'Ouest favorise, au moyen de prix réduits, l'importation des vins étrangers par les ports de la Manche? Cette Compagnie, qui ne dessert pas de régions viticoles, n'aurait rien à perdre à étendre le bénéfice de ces prix à toutes les stations de son Réseau dans les conditions prévues par l'article 12.

De même, la Compagnie du Nord pourrait peut-être être amenée à abandonner à la navigation le monopole du transport des houilles belges sur Paris plutôt que de réduire ses taxes intérieures; mais rien n'empêchera la Compagnie de l'Ouest, qui ne dessert pas de bassins houillers, de faciliter l'importation des charbons anglais par les ports de Dieppe ou du Havre.

En supposant même, ce qui est impossible en droit et ce que

M. Pelletan ne propose pas, que la règle posée par l'article 12 soit appliquée, non seulement au Réseau sur lequel le tarif d'importation est indiqué, mais encore aux autres Réseaux, le but qu'on poursuit ne serait pas davantage atteint. Quand bien même un prix réduit consenti par la Compagnie de l'Ouest pour le transport des vins de Rouen à Paris serait étendu à toute les provenances du Réseau de Lyon, situées à la même distance de Paris, cette mesure serait sans effet utile pour les vins du Midi, c'est-à-dire précisément pour ceux auxquels l'importation des vins étrangers peut porter ombrage.

La vérité est qu'en pareille matière la loi sera toujours impuissante à prévoir tous les cas, et à les résoudre par une formule unique. C'est au Ministre responsable devant le Parlement, entouré des avis des Conseils compétents, qu'il appartient de prendre dans chaque cas particulier, après examen approfondi de chaque espèce, les décisions les plus conformes aux intérêts dont il a la charge. Il possède à cet effet, nous croyons l'avoir démontré, les pouvoirs les plus étendus. S'il s'agit de prix n'ayant d'autre but que de permettre aux Chemins de fer de prendre leur part dans des transports effectués à plus bas prix par des voies concurrentes, les supprimer sans obtenir en même temps le relèvement des prix sur la voie concurrente ne serait autre chose qu'un véritable leurre. S'il existe des tarifs pouvant donner lieu à la critique, le Ministre a tout pouvoir, soit pour les supprimer par voie de retrait d'homologation, soit pour en provoquer la modification, conformément aux engagements pris par toutes les Compagnies en 1883.

Quant aux dispositions nouvelles qui font l'objet de l'article 12 du projet de loi, elles seraient à la fois, nous croyons l'avoir démontré, inutiles, dangereuses, inapplicables et inefficaces.

Art. 13.

Le bénéfice des taxes de transit peut être réclamé aux conditions fixées par le tarif pour les marchandises destinées à l'exportation, et dirigées au même point de la frontière, sur le Réseau de la même entreprise de chemins de fer, toutes les fois que la distance à parcourir n'est pas plus considérable.

Ici encore les engagements pris par les Compagnies dans les lettres jointes aux conventions de 1883, semblent donner satisfaction dans une juste mesure aux intérêts en jeu ; les Compagnies se sont engagées à rendre, si elles en sont requises, les tarifs de transit applicables à l'exportation des marchandises expédiées, soit par les gares intermédiaires de l'itinéraire du transit, soit par les gares situées sur les embranchements dans une zone de 50 kilomètres de part et d'autre de ces itinéraires, pourvu que la distance de la gare d'expédition à la gare de sortie fût inférieure au parcours du transit.

On propose, dans l'article 13, d'aller plus loin et d'appliquer le tarif de transit à tous les transports dirigés vers le même point de la frontière et qui n'en sont pas séparés par une distance supérieure à celle du transit.

Nous admettons que l'on prendrait toutes les précautions nécessaires pour assurer la réelle exportation des marchandises transportées et pour ne pas favoriser les transports purement intérieurs sous le couvert d'un avantage fait en vue de l'exportation. Mais, même dans ce cas, l'extension projetée aurait certainement pour résultat d'empêcher le développement des tarifs de transit et même d'en diminuer le nombre. Ces tarifs, toujours créés pour ramener dans nos ports et sur les voies françaises un trafic que cherchent à attirer les voies et les ports étrangers, ne donnent qu'un bénéfice net fort restreint. Le moindre retentissement qu'ils auraient sur les recettes des transports intérieurs, enlèverait aux Compagnies le bénéfice qu'ils procurent et le transformerait en perte.

M. Pelletan reconnaît que, dans l'intérêt des ports maritimes, il est nécessaire de hâter et d'encourager l'extension des tarifs de transit (page 111 de l'exposé des motifs). La disposition qu'il propose irait directement contre son but.

Art. 14.

Les dispositions des articles 10, 11, 12 et 13 sont applicables aux taxes communes entre deux ou plusieurs entreprises françaises de Chemins de fer, et aux parts de ces entreprises françaises dans les taxes communes entre elles et les entreprises de transport étrangères.

Nous ne pouvons ici que nous référer aux observations que nous avons présentées ci-dessus, à l'occasion des articles 10, 11, 12 et 13.

L'article 14 en étend l'application aux taxes communes entre les Compagnies françaises et les Compagnies étrangères avec cette aggravation que, dans ce cas, on devra considérer, non les taxes totales inscrites dans les tarifs internationaux, mais les parts attribuées aux Compagnies françaises dans les divers prix qui y figurent.

Cette disposition aurait pour effet d'aggraver au plus haut degré les complications inextricables auxquelles nous avons montré que les articles dont il s'agit, et notamment les articles 11 et 12, donneraient nécessairement lieu, pour l'usage des tarifs et le calcul des taxes.

Les taxes des tarifs internationaux, comme celles de tous les tarifs intérieurs ou communs, forment un tout indivisible. Il est d'ailleurs naturel que la part afférente au parcours de Paris à Bordeaux, de Paris à Irun, dans un prix de bout en bout de Paris à Madrid, soit différente du tarif intérieur entre Paris-Bordeaux et Paris-Irun; de même que dans des prix de Paris à Marseille, à Cette, à Perpignan, à Cerbère, à Tarragone, la part afférente au parcours de Paris à *Dijon* se trouve inférieure au *prix appliqué* dans un tarif entre Paris et Dijon pour la même marchandise (1). Il est bien clair que si, dans un tarif commun, la part de chaque Compagnie participante doit être la taxe de son tarif intérieur, et si par conséquent les prix de ce tarif doivent être ceux résultant de la soudure des tarifs intérieurs, le tarif commun n'aura plus de raison d'être. Le résultat de l'article 14 sera donc la suppression des tarifs communs internationaux.

Les tarifs internationaux sont de deux sortes : les uns ont été rendus nécessaires par la concurrence des voies navigables ; les prix offerts par eux sont d'ailleurs toujours très supérieurs à ceux perçus par la voie d'eau : tel est le prix de 50 francs perçu par la Compagnie de Lyon pour le transport des vins de la côte orientale d'Espagne sur Paris. Le maintien de ce prix avec l'application des

---

(1) 1er Exemple : La 1re série du tarif général édicte de Nice à Paris (1,045 kilomètres) une taxe de. . . . . Fr. 133 80
correspondant pour le parcours de Dijon à Paris (314 kilomètres) à. 40 20
tandis que le prix du tarif de Dijon à Paris est de 48 80

2e Exemple : Les vins sans condition de tonnage expédiés de Dijon à Paris (314 kilomètres) sont taxés par tonne à. . . . . Fr. 26 30
S'ils viennent de points plus éloignés, ils ont naturellement à supporter des taxes plus élevées, mais la part de ces taxes qui correspond au parcours de Dijon à Paris est d'autant plus faible que le total est plus long. C'est ainsi que, s'ils viennent de :

Mâcon.	(422 kilomètres).	Taxe. Fr.	33.50	part correspondante. Fr.	24.95
Lyon.	(488 —).	—	36.50	—	23.50
Valence.	(599 —).	—	41.50	—	21.75
Cette.	(776 —).	—	47. »	—	19. »
Béziers.	(824 —).	—	49.45	—	17.85
Narbonne. . . .	(850 —).	—	50. »	—	16,50
Perpignan. . . .	(913 —).	—	51. »	—	14.45
Tarragone. . .	(1.229 —).	—	52. »	—	12. »

Que l'expéditeur de Tarragone soit placé dans des conditions identiques à celui de Perpignan, c'est-à-dire assujetti à la taxe de 14 fr. 45 pour le parcours sus-indiqué, les producteurs de Narbonne, Béziers, Cette, Valence, Lyon, Mâcon, Dijon, pourront encore réclamer sous prétexte d'inégalité de traitement.

Pour être logique jusqu'au bout, il faudrait aller jusqu'à supprimer, non seulement les tarifs internationaux, mais aussi les tarifs communs entre Compagnies françaises, et enfin, les tarifs différentiels à l'intérieur d'un même Réseau.

règles fixées par les articles 12 et 14 du projet de loi entraînerait pour la Compagnie de Lyon, sur son trafic intérieur, une perte de recettes qui ne serait pas inférieure, pour 1889, à *deux millions.* Comme, d'autre part, ces mêmes vins peuvent arriver à Paris par la mer et par la Seine *via* Rouen, le plus souvent sous pavillon étranger, à des prix qui ne dépassent pas 30 à 35 francs par tonne, la suppression ou le relèvement du prix de la Compagnie de Lyon ne modifierait en quoi que ce soit les conditions d'arrivée à Paris des vins étrangers, tout en faisant perdre à cette Compagnie un trafic qui lui a procuré, en 1889, une recette brute de 2,700,000 francs et un produit net de 1,200,000 francs. Le relèvement systématique des tarifs de ce genre, le régime des voies navigables de pénétration restant le même, serait donc, ainsi que nous l'avons dit à propos de l'article 12, une véritable duperie, préjudiciable aux Compagnies de Chemins de fer, sans aucun profit pour les intérêts que M. Pelletan a en vue.

En dehors de ces cas particuliers où la concurrence des voies navigables nécessite des réductions de prix exceptionnelles, les tarifs internationaux, comme nous l'avons dit plus haut, ne font qu'étendre au delà de la frontière l'application de la loi rationnelle et générale de décroissance des prix avec la distance. Ces tarifs sont, d'ordinaire, réciproques; ils sont donc applicables pour l'exportation comme pour l'importation et, en fait, la plupart d'entre eux sont beaucoup plus utilisés pour l'exportation des marchandises françaises que pour l'importation en France des marchandises étrangères. Ainsi, sous le régime du tarif international franco-anglais, les Compagnies du Nord et de l'Ouest transportent 47,000 tonnes destinées à l'exportation, et seulement 28,000 tonnes importées.

L'exemple du tarif commun aux Compagnies d'Orléans, du Midi et du Nord de l'Espagne est bien plus frappant encore. Ce tarif, qui comprend un grand nombre de marchandises divisées en six séries, est appliqué pour l'exportation de France à 6,000 tonnes de marchandises par an et à 300 tonnes seulement à l'importation d'Espagne. Ces tarifs internationaux, s'ils venaient à être supprimés, ne pourraient pas être remplacés utilement par des tarifs d'exportation, puisqu'à partir de la frontière, les produits français se trouveraient soumis sur les Réseaux étrangers aux conditions de leur tarif général intérieur au lieu de bénéficier, sur les parcours étrangers, des réductions de prix résultant du tarif commun. On ne peut prétendre que des tarifs de ce genre, basés sur la loi de décroissance des taxes en fonction de la distance, ne sont pas rationnels et conformes aux principes commerciaux. On ne peut nier d'autre part qu'il en existe dont le maintien est nécessaire dans l'intérêt même de la production nationale.

Par l'exercice du droit d'homologation, le Ministre peut prévenir tout abus. En vertu des engagements pris par les Compagnies en 1883 et, au besoin, en retirant les homologations données précédemment, à titre provisoire, il peut supprimer ou faire modifier les tarifs qui seraient jugés critiquables. Point n'est besoin pour cela, nous le répétons, d'une disposition législative qui, nous croyons l'avoir déjà démontré à propos de l'article 12, présenterait les inconvénients les plus graves, sans avoir au fond d'efficacité.

Article 15.

Il est interdit aux entreprises de Chemins de fer d'appliquer à leurs taxes propres ou à leur part des taxes communes, pour les expéditions provenant d'un port français ou y aboutissant, des prix de transport par tonne et par kilomètre, supérieurs à ceux qu'elles appliquent à leur part des taxes communes pour les expéditions effectuées entre un point quelconque du territoire français et un port étranger.

C'est un principe fort juste et admis par tout le monde, que les Chemins de fer ne doivent pas favoriser les ports étrangers aux dépens des ports nationaux. Mais ici se retrouvent encore les inconvénients d'une formule générale ayant la prétention d'embrasser tous les cas et de résoudre toutes les difficultés.

Une localité peut être à une petite distance d'un port français, à une grande distance d'un port étranger ; il n'y a réellement pas alors de concurrence possible entre les deux ports. La généralité des termes de l'article 14 serait cependant applicable à ce cas. Ramènera-t-on alors la taxe kilométrique du transport court à la taxe du plus long que l'on considérerait comme susceptible de favoriser les importations par un port étranger ? Non seulement ce serait chose injustifiable aux yeux de la logique et sans utilité pratique, mais ce serait encore une anomalie évidente et la violation manifeste du principe consacré par la récente revision des tarifs : barèmes différentiels dans lesquels le prix kilométrique de transport décroît à mesure que le parcours est plus long.

On ne s'explique pas bien l'utilité pratique de l'article en question.

En fait, nous ne connaissons pas d'exemple qu'une Compagnie française perçoive dans un tarif applicable à un port étranger une taxe kilométrique plus faible que celle qu'elle perçoit pour un parcours égal à effectuer vers un port français.

Nous constatons, au contraire, que pour défendre les intérêts du port de Dunkerque, par exemple, contre la concurrence de celui d'Anvers, la Compagnie du Nord a consenti pour les céréales, les laines, les marbres, etc., etc., des prix très réduits vers la région de Lille, Roubaix, Fourmies, voisine de la frontière belge et qui peut être atteinte facilement avec des prix de transit très réduits en vigueur sur le Réseau belge.

Dans tous les cas, la question est trop complexe pour être résolue par une formule générale, et la faculté d'homologation, précédée de l'examen de tous les points de détail et de la consultation de tous les intérêts engagés, parait seule pouvoir permettre une bonne solution à l'avantage de tous.

Art. 16.

Tout expéditeur a la faculté de charger ou faire charger une même voiture de plusieurs sortes de marchandises, pour lesquelles le tarif établit une taxe par wagon complet, à condition de payer le prix fixé pour le transport par wagon complet de celle de ces marchandises dont la taxe est la plus élevée.

Les entreprises de Chemins de fer doivent, à cet effet, accorder les mêmes facilités à tous les expéditeurs.

Cette clause a reçu son application dans le cas où l'intervention des Commissionnaires de transport peut avoir une utilité réelle, c'est-à-dire dans le cas des tarifs d'exportation (*Voir* le tarif d'exportation P.-L.-M. n° 40).

En dehors de ce cas spécial, le groupement des matières transportées pour arriver au tonnage fixé pour le chargement d'un wagon complet est en général admis lorsque les marchandises voyagent aux conditions d'un même tarif. Mais les tarifs spéciaux par wagons complets sont presque toujours conditionnels et les conditions qu'ils imposent varient, non pas, comme on l'a dit, d'après l'arbitraire des Compagnies, mais d'après la nature même des objets transportés. Dans le cas de chargements mixtes formés de marchandises soumises à des tarifs et à des conditions différentes, l'article du projet soulèverait de sérieuses difficultés.

En somme, cet article n'aurait d'autre résultat que de développer en France l'industrie du groupage, qui est florissante en Allemagne. Mais, dans ce dernier pays, la raison d'être des groupeurs réside dans le système de tarification, qui est basé uniquement sur le poids des expéditions et ne tient aucun compte de leur valeur. Nos tarifs, au contraire, distinguent six séries de marchandises, auxquelles sont appliqués des prix décroissants qui tiennent compte de la valeur de la marchandise, indépendamment de son poids. Ce système est certainement plus équitable que celui de l'Allemagne, et il fait disparaître en grande partie l'intérêt qui s'attache dans ce dernier pays au groupage (*Voir* la note annexe A).

Art. 17.

Les entreprises de Chemins de fer sont responsables de la perte et des avaries des marchandises qui leur sont confiées, à moins qu'elles ne prouvent que ces pertes ou avaries proviennent d'un cas fortuit, de la force majeure, d'un vice propre à la chose ou de la faute de l'expéditeur ou du destinataire.

Toutefois en ce qui concerne :

1° L'avarie survenue aux marchandises qui, en vertu des prescriptions des tarifs ou des conventions passées avec l'expéditeur, sont transportées en wagons découverts;

En tant que l'avarie peut résulter du danger inhérent à ce mode de transport;

2° L'avarie survenue aux marchandises remises en vrac ou avec un emballage défectueux, quoique par leur nature elles exigent un emballage;

En tant que l'avarie peut résulter du manque ou de l'état défectueux de l'emballage,

3° De l'avarie survenue aux marchandises qui, en vertu des prescriptions des tarifs ou des conventions spéciales passées avec l'expéditeur, ont été chargées ou déchargées par celui-ci ou le destinataire;

En tant que l'avarie peut résulter de l'opération de chargement et de déchargement, ou d'un chargement défectueux;

4° De l'avarie survenue aux marchandises qui, pour des causes inhérentes à leur nature, sont exposées au danger de se perdre en tout ou en partie ou d'être avariées, notamment à la suite de bris, rouille, détérioration intérieure et spontanée, coulage extraordinaire, dessiccation et déperdition;

En tant que l'avarie peut résulter de ce danger;

5° De l'avarie survenue aux marchandises et animaux dont le transport, aux termes des tarifs ou des conventions passées avec l'expéditeur, s'effectue sous escorte;

En tant que l'avarie peut résulter du danger que l'escorte a pour but d'écarter ;

Il y aura présomption que l'avarie résulte de l'une de ces causes, à moins que l'ayant droit n'établisse le contraire.

Un règlement d'administration publique déterminera les cas dans lesquels il y a lieu d'invoquer ces exceptions.

Art. 18.

Il est interdit aux entreprises de Chemins de fer d'introduire dans leurs tarifs généraux ou spéciaux des clauses dérogeant aux règles établies par la loi, en ce qui concerne les risques de pertes ou de détérioration des objets transportés, la responsabilité du transporteur et les délais de prescription pour les actions à intenter de ce chef.

Toute clause de cette nature est nulle de plein droit.

D'après les règles ordinaires du contrat de transport, les Compagnies sont responsables des marchandises qui leur sont confiées et sont tenues à indemnité pour cas de perte ou d'avarie, sauf lorsqu'elles peuvent établir que la perte ou l'avarie sont la suite du vice propre de la chose, de la faute de l'expéditeur ou de la force majeure (art. 1784, C. civ., 98 et 103, C. com.).

Certains tarifs ont limité la responsabilité à un chiffre maximum ; la Cour de cassation a souvent décidé que cette clause était valable (1).

La plupart des tarifs spéciaux stipulent, comme condition d'un abaissement de taxe, la non-responsabilité du transporteur.

Après certaines hésitations que M. Pelletan rappelle, la Cour de cassation a, depuis 1874, fixé définitivement sa jurisprudence, en reconnaissant la validité de non-responsabilité des tarifs spéciaux et

---

(1) 31 Mars 1874, Alsace-Lorraine contre Granger ; 25 Août 1875, le même contre Adlar ; 14 Août 1876, Est contre Lévy ; 14 Juin 1878, Est contre Camion ; 25 Juillet 1881, Nord contre Virchaux ; 21 Février 1887, Midi contre Alric. C'est une règle fréquemment appliquée en pays étranger (Belgique, Allemagne, Autriche-Hongrie), soit dans les tarifs spéciaux, soit même dans certains tarifs généraux. (*Voir* PICARD, *Traité de Chemins de fer*, t. IV, p. 775.)

en en précisant le sens. Il est incontestable aujourd'hui que cette clause n'affranchit pas les Compagnies des conséquences des fautes personnelles de leurs agents, de fautes commises *in omittendo,* par manque de soins (1), mais elle a pour effet de mettre à la charge du destinataire la preuve de la faute commise, et il peut d'ailleurs faire cette preuve par tous les moyens de droit, et notamment par présomptions graves, précises et concordantes (2). Cette clause est la condition formelle des réductions de prix que comportent les tarifs spéciaux ; elle est acceptée librement et en connaissance de cause par l'expéditeur, et fait partie intégrante du contrat de transport. Elle a l'avantage de prémunir la Compagnie contre des réclamations abusives et de limiter le nombre des contestations judiciaires. On ne peut la considérer comme contraire à l'ordre public, attendu qu'elle est analogue aux dispositions réglementaires bien plus restrictives que l'État applique lui-même pour le service de la poste et des télégraphes.

Assurément la loi peut décider qu'à l'avenir toute clause de ce genre sera prohibée. Mais ce que nous ne pouvons admettre, c'est que cette loi puisse avoir un effet rétroactif et devienne *ipso facto* applicable à tous les tarifs existants, sans qu'il dépende des Compagnies de retirer ceux d'entre eux qui, dans ces nouvelles conditions, leur paraîtraient insuffisamment rémunérateurs. Il est universellement reconnu que le Ministre saisi d'une demande d'homologation, ne peut pas diviser le tarif qui lui est présenté, l'homologuer sur les points qui lui paraissent acceptables et le rejeter sur d'autres. Les droits du législateur ne sont pas plus étendus.

Ce n'est en effet qu'en matière de dispositions à titre gratuit qu'une condition illégale ou contraire à l'ordre public peut être réputée

---

(1) *Voir* notamment Cass., 24 Mai 1882. Midi contre Despeux ; 9 Janvier 1884, Lyon contre Nègre ; 29 Mars 1886, Est contre Bernodat ; 29 Mars 1886, Est contre Geoffroy ; 1er Février 1887, Est contre Nanquette.

(2) Cass., 5 Janvier 1875, Lyon contre May ; 10 Juin 1884, Est contre Dormoy ; 7 Juillet 1884, Est contre Capitain ; 29 mars 1886, Est contre Bernodat.

non écrite (art. 900, Code civil); au contraire, dans toutes les conventions à titre onéreux, la nullité de la condition entraine la nullité de la convention tout entière (art. 1172). Les règles du droit civil sont complètement d'accord sur ce point avec celles de la logique. Si, pour certains tarifs spéciaux, les Compagnies ont abaissé leurs prix habituels de transport sous la condition qu'elles ne seront pas garantes des pertes et avaries de route, et si, en même temps qu'on leur interdit l'usage de cette clause, on les oblige à maintenir les prix ainsi abaissés, n'est-il pas évident qu'on leur impose une diminution du prix de transport égale à la prime que comporterait l'appréciation des risques dont on leur interdit de se décharger? Dans ce cas et tous autres de même nature, le législateur, s'il agissait ainsi, se substituerait à la volonté des parties pour leur imposer des engagements autres que ceux qu'elles ont acceptés. Tout ce qu'il a le droit de faire, c'est de frapper de nullité les contrats qui ne sont pas conformes à ces prescriptions formelles; cette nullité les atteint en entier et non pas seulement en partie.

Pour les tarifs actuellement homologués, la seule conséquence de l'article 17 du projet de loi serait donc de mettre les Compagnies dans l'alternative soit de renoncer à la clause de non-responsabilité qui figure dans leurs tarifs spéciaux, soit de supprimer ou de relever les prix de ces tarifs spéciaux qui, n'étant plus suffisamment rémunérateurs, ne leur paraitraient pas pouvoir être maintenus sans cette condition. Le commerce perdrait ainsi le bénéfice de prix réduits dans lesquels il trouve des avantages très supérieurs aux inconvénients que peut présenter pour lui la condition de non-responsabilité. Ce qui le prouve, c'est qu'en fait les tarifs réduits sans responsabilité sont toujours réclamés par les expéditeurs, de préférence aux tarifs plus élevés qui ne comportent pas cette restriction.

M. Pelletan reconnait d'ailleurs qu'il y a lieu de réglementer la question, et de limiter dans certains cas la responsabilité des Compagnies de façon à les protéger contre des réclamations intempestives. Les dispositions assez complexes qu'il propose à cet effet sont inspirées du projet de législation internationale adopté par la conférence de Berne. Elles sont très semblables aux règles fixées par l'article 424 du Code de commerce allemand, qui est ainsi conçu :

« Les Administrateurs de Chemins de fer peuvent stipuler la « non-garantie. En ce cas, il est admis, jusqu'à preuve contraire, « que tout dommage pouvant provenir de l'une de ces causes en est « en effet résulté, et l'Administration est irresponsable, s'il n'est prouvé « que le dommage résulte de la faute de l'Administration ou de ses « Agents :

« 1° Pour risques inhérents aux transports par wagons décou-« verts ;

« 2° Pour défaut ou insuffisance d'emballage ;

« 3° Pour fautes dans la manutention ou le chargement, quand « ces opérations sont faites par les expéditeurs ou destinataires ;

« 4° Pour certaines avaries auxquelles sont plus particulière-« ment exposées des matières déterminées ;

« 5° Pour les risques inhérents aux transports d'animaux ;

« 6° Pour les marchandises convoyées en ce qui concerne les « risques que le convoyage a pour but d'écarter. »

Or, ce serait une grave erreur de croire que ces dispositions de la loi allemande sont plus favorables au transporteur que ne l'est le régime français. Il est, en effet, loisible aux Administrations de Chemins de fer allemands, d'après le texte que nous venons de citer, de stipuler la clause de non-garantie, pour un certain nombre de risques, et *notamment pour risques inhérents au transport par wagons découverts*.

Or, en fait, d'après l'article 27 des conditions d'application des tarifs allemands, le Chemin de fer est en droit de transporter en wagons découverts, et par conséquent sans garantie, la généralité des marchandises rangées dans les tarifs spéciaux, à moins d'une prescription contraire consignée par l'expéditeur sur la lettre de voiture. En cas de demande d'un wagon couvert, il est perçu à titre d'assurance une surtaxe de 10 %. Ajoutons à cela qu'en outre la responsabilité des Administrations allemandes de Chemins de fer, au lieu d'être illimitée comme en France, est limitée à 150 francs par 1,000 fr. somme insignifiante pour les marchandises de quelque valeur. En fait, les Administrations de Chemins de fer allemands ont à payer moins d'indemnités pour avaries que les Compagnies françaises. D'après le compte rendu des Chemins de fer de l'État prussien, il a été payé en 1884-1885 sur ce Réseau, pour pertes ou avaries de marchandises, une somme de 163,456 marks, représentant 1 pf.,5 ou 1 c. 9, par 1,000 tonnes kilométriques transportées. En France, les Compagnies paient en moyenne chaque année, 0 fr. 30 c. à 0 fr. 40 c. d'indemnité pour perte ou avarie par 1,000 tonnes kilométriques transportées (0 fr. 38 c. sur le Nord; 0 fr. 34 c. sur l'Orléans). Le public français n'aurait donc rien à gagner au changement de régime.

Nous ne prétendons pas d'ailleurs que, pour la France, le régime actuel ne puisse pas être modifié et amélioré dans une certaine mesure.

Les tarifs spéciaux actuels ont été établis avec la clause de non-responsabilité ; c'est une condition en quelque sorte contractuelle des réductions de prix qu'ils comportent et dont l'immense majorité des expéditeurs tient à s'assurer le bénéfice. Mais il peut se faire qu'il y ait un certain intérêt à donner aux expéditeurs qui ne voudraient pas accepter les conséquences de la condition de non-responsabilité le moyen de s'en affranchir en payant un prix intermédiaire, supérieur nécessairement à celui du tarif spécial sans responsabilité, mais inférieur à celui du tarif général, qui peut être trop élevé et prohibitif. Il faudrait dans ce cas majorer, dans une mesure à déterminer, les prix du tarif spécial par le paiement d'une sorte de prime d'assurance, représentant l'abandon de la clause de non-responsabilité. Les Compagnies n'ont pas d'objection à mettre à l'étude une combinaison conçue dans cet ordre d'idées.

Art. 19.

En cas de retard sur les délais fixés par les tarifs pour la livrai-

son des marchandises, et si les intéressés ne préfèrent pas réclamer devant les tribunaux compétents, conformément au droit commun, la réparation du dommage qu'ils croient leur avoir été effectivement causé, les entreprises de Chemins de fer doivent déduire du prix de transport à titre d'indemnité :

Pour les marchandises transportées en grande vitesse, un quart du prix de transport, si le retard est de moins d'un jour ; un tiers, s'il est d'un à trois jours ; la moitié, s'il dépasse trois jours ;

Pour les marchandises transportées en petite vitesse, un quart du prix de transport, si le retard est d'un à trois jours ; un tiers, s'il est de trois à huit jours ; la moitié, s'il dépasse huit jours.

L'article 19 édicte, pour les transporteurs, la perte d'une partie de la taxe de transport au cas de retard dans les livraisons, lorsqu'il n'a pas été formulé de demande judiciaire d'indemnité plus ample.

Cette règle figure déjà dans certains tarifs (pour les denrées, par exemple), où les retards entraînent un préjudice certain ; mais, si on voulait la généraliser, nous ferions observer que, contre l'avantage assez problématique de supprimer un certain nombre de procès, elle aurait l'inconvénient d'attribuer une indemnité pour un retard qui pourrait n'avoir été nullement dommageable. C'est ouvrir la porte à la spéculation.

Art. 20.

Les expéditeurs peuvent déterminer, sur la lettre de voiture, la valeur d'après laquelle sera calculé le dommage subi, si les marchandises sont perdues ou avariées par la faute de l'entreprise du Chemin de fer ou de ses Agents, ou s'il y a un retard dans la livraison.

Dans ce cas, les entreprises de Chemins de fer perçoivent, avec le prix du transport, un supplément proportionnel à la valeur déclarée, et dont le taux est fixé par le Ministre des Travaux publics, sur la proposition des entreprises de Chemins de fer.

Toutefois, l'indemnité due pour perte, avarie ou retard, ne peut, en aucun cas, être supérieure au dommage réel éprouvé par les intéressés.

L'article 20 admet des déclarations de valeur destinées à servir de base au règlement d'indemnité, en cas de perte, d'avarie ou de retard, moyennant la perception d'un droit spécial proportionnel à la valeur déclarée, d'après un tarif arrêté par le Ministre.

Cette disposition, qui a été admise en principe dans la conférence tenue à Berne en 1878, en vue d'établir une législation uniforme des transports dans les divers États, serait acceptable, sauf en ce qui concerne le droit attribué au Ministre de procéder lui-même à la fixation de ce tarif. Mais nous ferons remarquer que, dans ce cas, il serait équitable et rationnel d'admettre la réciprocité au profit des Compagnies en limitant le taux de l'indemnité dans le cas où la marchandise n'est pas assurée. Si les expéditeurs ont le droit de déclarer la valeur réelle qu'ils attribuent aux marchandises transportées, à défaut par eux de le faire, celles-ci devraient être réputées ne pas dépasser la valeur moyenne, et les indemnités, dans un cas de perte, d'avarie ou de retard, devraient être calculées sur la base de cette valeur moyenne. C'est ce qu'ont fait, comme nous l'avons dit précédemment, les législations belge et allemande. Cette limitation serait d'ailleurs conforme, chez nous, aux dispositions de l'article 1150 du Code civil, ainsi conçu : « Le débiteur n'est tenu que des dommages-intérêts qui ont été prévus ou qu'on a pu prévoir lors du contrat, lorsque ce n'est pas par son dol que l'obligation n'est pas exécutée (1) ».

(1) La jurisprudence a toujours déclaré que l'article 1150 était applicable aux dommages-intérêts résultant de la responsabilité des Compagnies de transport (*Voir* Cass. 26 Août 1884 l'Ouest contre Poupinet. Picard, t. IV, p. 758 et 774.)

CHAPITRE II

Du Tableau des Tarifs.

Art. 22.

Les Compagnies de Chemins de fer et l'Administration des Chemins de fer de l'État se concerteront pour soumettre au Ministre des Travaux publics, dans le mois qui suivra la promulgation de la présente loi, un projet de classification commune des marchandises pour les taxes de transport.

Si ce projet n'a pas été préparé dans le délai fixé, le Ministre des Travaux publics pourra procéder d'office à son établissement.

Art. 23.

Dans les deux mois qui suivront l'approbation du projet de classification commune, chacune des Compagnies de Chemins de fer soumettra au Ministre des Travaux publics un tableau de ses tarifs généraux ou spéciaux pour le transport des marchandises par les grande et petite vitesses, et de leurs conditions d'application, mis en conformité avec la classification commune, avec les dispositions de la présente loi, avec celles des lois et conventions antérieures, et notamment, pour les Compagnies du Nord, de l'Est, de l'Ouest, de Paris à Lyon et à la Méditerranée, et du Midi, avec les engagements contenus dans les lettres annexées aux conventions approuvées par les lois du 21 novembre 1883.

Si une Compagnie de Chemin de fer n'a pas présenté ce tableau dans le délai fixé; — ou si les taxes et les dispositions qui y sont contenues ne sont pas absolument conformes aux lois et aux conventions; — ou si les taxes proposées en conformité de ces lois ou de ces conventions sont mêlées dans les propositions d'une Compagnie, au relè-

vement d'autres taxes, ou à des conditions d'application, de façon à rendre impossible d'approuver les unes sans approuver les autres ; — le Ministre des Travaux publics pourra procéder d'office à l'établissement de ce tableau, tel qu'il est défini ci-dessus.

L'auteur du projet de loi rappelle les engagements pris par les Compagnies en 1883, en ce qui concerne la revision de leurs tarifs généraux et spéciaux.

Cette revision devait avoir et a eu effectivement pour base la classification générale, préparée par les Compagnies sur l'invitation du Ministre des Travaux publics, à la suite du Rapport présenté au Sénat par M. George, en 1878, et définitivement approuvée par décision du 17 Avril 1879. Les tarifs généraux et spéciaux de toutes les Compagnies ont été revisés et coordonnés sur les bases indiquées dans les lettres annexées aux conventions. Pour cinq Compagnies, ce travail est depuis longtemps déjà terminé ; pour la sixième, il est en ce moment sur le point d'aboutir.

En proposant au Ministre l'homologation des nouveaux tarifs des Compagnies, le Comité consultatif des Chemins de fer a constaté qu'elles avaient rempli de tous points leurs engagements. Le but des articles 22 et 23 du projet se trouve donc complètement atteint, sans que le législateur ait aucun motif d'intervenir.

Il est superflu d'ajouter que les Compagnies ne pourraient accepter le droit conféré au Ministre par les derniers paragraphes des articles 22 et 23, d'imposer aux Compagnies une sérification uniforme, ainsi que de dresser le tableau des prix, s'il s'agit d'autre chose que d'une opération de coordination purement matérielle. Donner au Ministre le droit de classer une marchandise dans telle ou telle série, c'est lui donner le droit implicite mais certain de fixer la taxe de transport de cette marchandise ; ce serait donc lui transférer le droit d'initiative réservé aux Compagnies seules par le contrat intervenu entre elles et l'État.

Art. 24.

Les Compagnies de Chemins de fer soumettront en même temps au Ministre des Travaux publics des propositions de taxes pour le transport par wagon complet, et sans conditions exceptionnelles, de chacune des classes de marchandises établies au tarif général.

Nous répéterons ici, en nous référant aux observations présentées plus haut à l'occasion des chapitres V et VI, que les Compagnies ne peuvent reconnaître au législateur le droit de leur imposer l'établissement de tarifs inférieurs à ceux prévus par le Cahier des charges, en méconnaissant le droit d'initiative qui leur est formellement réservé.

La généralisation des tarifs par wagons complets, aurait dans bien des cas pour résultat de faciliter le développement de l'industrie du groupage, et d'interposer ainsi entre les Compagnies et le public des intermédiaires qui retiendraient pour eux la majeure partie des abaissements consentis.

Dans une note annexée aux présentes observations (*Voir* Annexe A), nous avons traité en détail cette question du groupage et analysé les résultats qu'elle a produits en Allemagne.

Nous ajouterons qu'il y a d'autant moins de raison d'entrer dans cette voie en France, que les marchandises de détail n'y sont pas, comme en Allemagne, soumises à une taxe uniforme et très élevée, et qu'au contraire elles jouissent, sans condition de tonnage, de tarifs réduits appropriés à leur nature et à leur valeur. Le petit commerce, qui, en Allemagne, est tributaire des groupeurs, jouit en France, pour ses expéditions, d'un régime plus équitable, plus modéré, et qui présente pour lui un avantage auquel on attache chez nous un grand prix : celui d'être facilement connu des intéressés, de placer tous les expéditeurs sur le pied d'une parfaite égalité de traitement et d'interdire tout traité particulier, d'abonnement et de faveur.

Art. 26 et suivants.

Sous le titre de *Commission des tarifs*, le projet, par les dispositions des articles 26 et suivants, institue un pouvoir nouveau, pouvoir administratif et judiciaire, qui empiète sur les attributions actuelles du Ministre des Travaux publics, sur celles des Tribunaux civils, du Conseil de Préfecture et du Conseil d'État.

C'est ainsi qu'en vertu de l'article 27, le droit d'homologation du Ministre se trouve limité, restreint, subordonné à l'autorisation préalable de la Commission, dans tous les cas où les propositions des Compagnies, relatives aux taxes de transports et à leurs conditions d'application, donnent lieu à interprétation des lois, Cahiers des charges et engagements de la Société.

Par l'article 29, c'est à ce nouveau pouvoir que les Compagnies doivent recourir pour trancher les questions de droit soulevées par les décisions ministérielles intervenant dans le cas prévu par l'article 23, et c'est encore lui qui prononcera sur les questions de droit qui lui seront soumises par le public.

Aux termes de l'article 30, ce Tribunal spécial, dont les membres, nommés conformément à l'article 26, n'auront vraisemblablement qu'une compétence douteuse en matière juridique, rendra des décisions souveraines. L'appel à d'autres juges, inscrit dans notre droit public, le recours au Conseil d'État contre les décisions administratives, réservé aux Compagnies par leurs contrats, toutes ces garanties d'une bonne justice disparaissent, comme le droit d'initiative des Compagnies en matière de tarifs, devant ce pouvoir absolu qui ne sera cependant ni impeccable, ni infaillible.

La Commission ne bornera pas son rôle à juger les différends soulevés, à surveiller l'usage que le Ministre peut faire de son droit d'homologation ; elle dirigera encore ses études et ses travaux, lui suggérera les modifications à apporter aux tarifs. A cet effet, elle se tiendra, concurremment avec l'Administration supérieure, en relation avec les Chambres de commerce, les Corps industriels ou agricoles, etc. En un mot, sur ce point elle substituera son action à celle du Ministre.

Quels sont le but, la nécessité, les motifs de cette création? L'auteur du projet ne les fait pas connaître.

Les contestations qui peuvent s'élever aujourd'hui entre le public et les Compagnies, entre celles-ci et l'Administration, sont tranchées par les Tribunaux civils ou administratifs, sans que les intéressés aient senti l'insuffisance de ces juges et manifesté le désir de les voir changer.

Le Ministre exerce son contrôle sans obstacle; l'autorité de ses décisions est partout respectée. Chef d'une Administration fortement constituée, appuyé des avis de Comités consultatifs éclairés et vigilants, il est mieux placé qu'une Commission pour recevoir les plaintes et observations du public, faire, avec compétence, une étude attentive des questions soulevées et obtenir des Compagnies toutes les modifications que l'intérêt général justifie, dans les questions de taxes aussi bien que dans les procédés d'exploitation, sous un contrôle toujours en éveil, celui du Parlement, auquel échapperait complètement la Commission des tarifs.

Dans ces conditions, l'innovation projetée ne paraît pas pouvoir être, avec avantage, substituée au régime actuel, de quelque point de vue qu'on l'examine.

Commission judiciaire appelée, aux termes des articles 28 à 31, à connaître uniquement des questions de tarifs, cette institution marquerait un retour en arrière vers les juridictions spéciales condamnées par les législateurs de 1789, qui les ont vues fonctionner sous leurs yeux et les ont supprimées. Elle serait encore, par ses attributions, tout à la fois administratives et judiciaires, en contradiction avec le principe de la séparation des pouvoirs, portant ainsi une double atteinte aux bases fondamentales de notre droit public moderne.

Annexe A

NOTE SUR LE GROUPAGE DES MARCHANDISES en Allemagne

Nous rappellerons d'abord que la classification des tarifs allemands est la suivante :

1° **Expéditions partielles.**	Barème unique pour toutes les marchandises.
2° **Classes générales de wagons complets . .**	TARIF A[1]. — Marchandises non dénommées dans les tarifs spéciaux ou exceptionnels, par chargement de 5,000 kilogrammes. TARIF B. — Marchandises non dénommées dans les tarifs spéciaux ou exceptionnels, par chargement de 10,000 kilogrammes.
3° **Tarifs spéciaux. . .**	TARIF A[2]. — Marchandises dénommées, par chargement de 5,000 kilogrammes. TARIF I. — II. — III. Marchandises dénommées, par chargement de 10,000 kilogrammes.

4° Tarifs exceptionnels.	Applicables à certaines marchandises dénommées, tantôt sur toute l'étendue des lignes relevant de la même administration, tantôt pour des relations déterminées.

De plus, le groupage de marchandises différentes pour former le chargement d'un wagon est explicitement prévu dans les conditions d'application des tarifs : « Il est permis de charger toutes sor-
« tes de marchandises dans le même wagon, à moins que les pres-
« criptions réglementaires ne s'y opposent. Les chargements com-
« plets peuvent donc être formés avec les divers articles dénommés
« dans un seul et même tarif spécial, ou encore avec des mar-
« chandises des tarifs spéciaux et des marchandises de toutes
« sortes (Classes A[1] et B). »

En présence de cette tarification, le public allemand ayant à faire des expéditions partielles se voit dans l'alternative : ou d'expédier à la série normale des expéditions partielles, — aussi élevée que notre première série du tarif général, quelles que soient la nature et la valeur de la marchandise : étoffes de prix ou ferraille, ou de faire entrer cette expédition dans un chargement de wagon de 5,000 ou de 10,000 kilogrammes, pour bénéficier des tarifs A[1] ou B (dont le premier correspond à peu près à notre quatrième série générale et dont le second est intermédiaire entre les quatrième et cinquième séries).

Dans son *Traité des Chemins de fer* (tome IV), M. Picard cite un exemple : Une tonne de marchandise, par expédition partielle, à 200 kilomètres, paie en Bavière 31 fr. 25 c. Elle ne paie plus que 18 fr. 50 c. si elle est comprise dans un envoi de 5,000 kilog., et 16 fr. 50 c. si elle est comprise dans un envoi de 10,000 kilog. Le prix pourrait même descendre à 7 fr. 65 c., au cas où l'expéditeur pourrait bénéficier du tarif spécial III.

De pareils écarts entre les taxes à appliquer, — écarts comblés en France, suivant la valeur de la marchandise, par les séries 2, 3, 4,

5 et 6, — ne peuvent que solliciter vivement le public allemand à chercher les combinaisons susceptibles de lui assurer, au moins en partie, le bénéfice de la taxe réduite. D'où l'industrie des groupeurs, qui s'interpose entre le public et le Chemin de fer; ces commissionnaires reçoivent du public les marchandises qui devraient être expédiées à la série normale, les groupent suivant la destination, dans des chargements de 5,000 à 10,000 kilogrammes et ne paient au Chemin de fer, selon le cas, que les tarifs A¹ ou B.

Ils se font payer à leur tour par le public : 1° le prix payé par eux au Chemin de fer; 2° des frais fixes d'administration, de réception et de manutention, d'assurances, etc. ; 3° une partie de l'économie réalisée.

On comprend donc combien il est hasardé, dans de pareilles conditions, de se baser sur les recettes kilométriques des Chemins allemands pour établir le coût kilométrique des transports en Allemagne, et combien il est nécessaire de faire la part de ce que M. Picard appelle : « Ce qu'on ne voit pas. »

Pour mieux préciser, voyons ce qui se fait à Berlin, par exemple.

Les commissionnaires-expéditeurs de Berlin, au nombre de trentre-quatre, ont formé une association dont le but est d'offrir aux expéditeurs de marchandises de détail un avantage sur le tarif du Chemin de fer.

Pour faciliter leurs opérations, ils ont établi un bureau central et des dépôts dans toutes les gares de Berlin.

Pour bien montrer l'importance de cette association, et la façon dont elle établit ses tarifs, nous donnons ci-après quelques extraits des Statuts auxquels tous les adhérents sont tenus de se conformer.

« § I. — Le but de la convention est de fixer, pour les diverses opérations effectuées par les maisons de groupage de Berlin, des taxes *minima* qui ne pourront être enfreintes par aucun contractant, sous peines d'amendes stipulées ci-après :

« § II. — Les opérations donnant lieu à la fixation de semblables *minima* comprennent :

(*a*) Les transports de toute nature ;

(*b*) Les opérations de camionnage de toute sorte ;

(*c*) Les autres opérations non désignées en (*a*) et en (*b*), en tant que leur exception n'est pas formellement stipulée dans la Convention.

. . . .

« § IV. — Pour chaque lieu de destination dénommé sur le catalogue du Syndicat, il sera fait, en se fondant sur l'expérience des années précédentes, le décompte des frais réels du transport proprement dit. A cette base seront ajoutés, savoir : dans le lieu de destination, les frais à payer au correspondant pour réception et déchargement à Berlin, pour les opérations inverses, 1^{mk},50 + 2^{mk},00, ensemble 3^{mk},50 par 1,000 kilogrammes. Le total ainsi obtenu sera déduit du montant des frais de transport de Berlin au lieu de destination établi d'après le tarif du Chemin de fer pour les expéditions partielles, et le 1/3 de la différence des deux prix sera ajouté à la somme des frais estimés ci-dessus. Toutefois, la taxe ainsi calculée ne devra pas être supérieure à celle établie d'après la distance à raison de 8^{pf},50 par kilomètre et par 1,000 kilogrammes, augmentée de 2 marks pour frais d'expédition.

« Pour les destinations situées au delà des localités dénommées dans le catalogue du Syndicat, on ajoutera à la taxe d'expérience calculée jusqu'au point dénommé, situé immédiatement en deçà, les frais de réexpédition et le tarif du Chemin de fer pour les expéditions partielles de ce point au lieu de destination. Le total augmenté de 3^{mk},50 par tonne pour les frais à Berlin, sera retranché de la taxe des expéditions partielles de Berlin à la destination finale, et on ajoutera le 1/3 de cette différence au total calculé ci-dessus.

« § V. — La détermination des taxes *minima* d'après les bases fixées aux paragraphes 3 et 4, incombe à une Commission permanente dite des tarifs, à laquelle est aussi dévolue l'autorisation d'établir des prix exceptionnels s'écartant desdites bases, pour une opération ou pour une relation de transport déterminée, lorsque l'établissement de ces prix sera reconnu nécessaire dans l'intérêt commun des maisons de groupage.

Le cas échéant, il est loisible d'en appeler des décisions de la Commission des tarifs devant un Conseil de surveillance, composé des membres du Conseil d'administration du Syndicat et de deux membres du Comité de direction de l'Union des expéditeurs de Berlin (1).

« § VI. — La Commission des tarifs se compose de cinq membres, dont deux pris dans le sein du Comité de direction de chacune des Sociétés l'*Union des Expéditeurs de Berlin* et la *Société berlinoise d'Expédition et d'Entrepôt;* les trois autres membres seront choisis parmi les autres groupeurs.

Le Secrétaire général du Syndicat est Secrétaire de la Commission des Tarifs.

. . . .

« § IX. — Lorsqu'un adhérent vient à établir une taxe pour une opération ou une relation non dénommée jusqu'alors dans le tarif du Syndicat, il doit immédiatement informer le Secrétaire général du tarif ainsi perçu.

Ce dernier informe à son tour l'ensemble des contractants de l'adjonction dans le tarif de la taxe en question, à moins que celle-ci ne soit modifiée par la Commission des tarifs comme contraire à la convention. Dans ce dernier cas, le relèvement ainsi opéré devient obligatoire pour tous à partir du jour de sa publication.

---

(1) C'est la plus importante maison de groupage de Berlin.

. . . .

« § XIX. — Les contraventions à la présente convention seront soumises à la juridiction d'un Tribunal d'arbitres, qui sera composé spécialement dans chaque cas, l'un des membres étant désigné par le Conseil d'administration ou par le demandeur, l'autre par l'incriminé. En cas de désaccord des arbitres, le Conseil nommera un tiers pour les départager.

Les contractants déclarent expressément reconnaître la compétence de cette juridiction pour tous les faits tombant sous le coup de la convention.

. . . .

« § XXII. — Chaque contractant s'engage, sous peine de se voir infliger par le Tribunal arbitral une amende de 20 à 1,000 marks, à faire part immédiatement au Conseil d'administration de toute irrégularité de taxe ou d'opération tombant sous le coup de la convention, qui viendrait à sa connaissance.

. . . .

« § XXVI. — Les amendes pour contravention aux règles de la convention sont fixées comme suit :

(*a*) Pour chaque contravention dont le caractère intentionnel sera démontré, 5,000 marks;

(*b*) Pour chaque contravention en dehors du cas précédent, 20 à 1,000 marks, selon l'appréciation des arbitres.

« § XXVII. — En vue d'assurer le paiement régulier des amendes fixées par les paragraphes précédents, chaque contractant s'engage à déposer à la Caisse du Syndicat une somme de 5,000 marks. »

Dans ces conditions, les groupeurs syndiqués sont à l'abri de toute concurrence. En outre de la faculté qu'ils ont ainsi de fixer à leur aise leurs tarifs, cette combinaison leur offre un autre avantage précieux : c'est celui de réunir facilement des charges complètes. Chaque jour circule, dans les maisons syndiquées, une liste indiquant ce que chacune d'elles a de colis pour chaque direction ; celle qui a le plus gros tonnage reçoit la part des autres et fait le chargement des wagons ; le bénéfice est partagé au prorata du poids remis par chaque commissionnaire.

Avec cette manière de faire, il est bien rare que les groupeurs ne réunissent pas le chargement d'un wagon de 10 tonnes ; d'autant plus qu'ils n'hésitent pas à faire attendre la marchandise un ou deux jours en magasin, quand ils ont la perspective de réunir au bout de ce temps une charge complète. Aussi, tout au moins dans les grandes villes, l'expédition des colis de groupage en wagons de 5 tonnes seulement peut-elle être considérée comme une exception.

Le paragraphe IV de la convention que nous avons reproduite ci-dessus indique les bases sur lesquelles sont établis les tarifs des groupeurs.

Les expéditions partielles qui leur sont remises paient au Chemin de fer, après groupage, les prix des tarifs A^1 ou B, suivant qu'ils forment des chargements de 5 ou de 10 tonnes.

Quant au public, il paie aux groupeurs :

1° Le prix des tarifs A^1 ou B, ou, plus exactement, un prix intermédiaire correspondant à la moyenne des prix réellement payés par eux les années précédentes. C'est ce qu'ils appellent la taxe d'expérience, pour laquelle ils ont établi un barème spécial, leur barème I jouant aux différentes distances ;

2° Leurs frais de dépôts et de bureau central, fixés uniformément à 3^{mk},50 ou 4 fr. 375 par tonne. A ces frais de dépôts sont ajoutés les frais éventuels de réception et de déchargement, quand la marchandise vient d'au delà de Berlin pour transiter ; les frais de prise à domicile et de camionnage, s'il y a lieu, ou les frais de transit, etc. ;

3° Le tiers de la différence entre dans la taxe d'expérience combinée avec les frais d'administration, de transit, de réception et la taxe normale applicable aux expéditions partielles.

Voici quatre exemples d'application de ce tarif des groupeurs :

	De BERLIN à				ENSEMBLE
	HANOVRE	HAMBOURG	FRANCFORT-SUR-LE-MEIN	COLOGNE	
Distance	k. 256	k. 286	k. 535	k. 584	k. 1.661
Taxe à payer { pour expédition partielle	fr. 37,75	fr. 40,75	fr. 75,875	fr. 78,625	fr. 233, »
Taxe à payer { — W. C. de 5,000 kilogrammes	24, »	(*)	47,25	48,625	—
Taxe à payer { — W. C. de 10,000 kilogrammes	20,75		40,25	42,875	—
Les Commissionnaires appliquent leur tarif particulier I (taxe d'expérience) correspondant, par conséquent, à la perception moyenne du Chemin de fer	23,125	(*) 25,75	45, »	46,375	140,25
Auquel ils ajoutent :					
Frais d'administration à Berlin	4,375	4,375	4,375	4,375	20,625
— éventuels de réception et déchargement	—	2,50	—	—	
— — seulement	—	—	0,625	—	
Soit en tout	27,50	32,625	50, »	50,75	160,875
La taxe expédition partielle étant de	37,75	40,75	75,875	78,625	233, »
L'économie réalisée ressort à	10,25	8,125	25,875	27,875	72,125
Les groupeurs perçoivent du public un tiers de cette économie, ou	3,375	2,75	8,625	9,25	24, »
Ce qui, ajouté à la taxe déjà perçue par eux sur le public, ou	27,50	32,625	50, »	50,75	160,875
Forme une **taxe totale**, payée par le public, de	30,875	35,375	58,625	60, »	184,875
Or, sur l'ensemble des expéditions analogues actuelles la perception moyenne du Chemin de fer n'étant que de	23,125	(*) 25,75	45, »	46,375	140,25
Il y a donc, entre la taxe perçue par le Chemin de fer et celle payée par le public, un écart de	7,75	9,625	13,625	13,625	44,625
Qui représente, par rapport à la taxe perçue par le Chemin de fer, une majoration de	33,5 %	37,3 %	30,2 %	29,3 %	31,8 %

(*) Pour l'expédition de Berlin à Hambourg, la taxe applicable aux expéditions partielles n'est pas celle de la série normale générale, mais une taxe légèrement inférieure, spéciale au trafic de Hambourg.

Pour l'ensemble de ces quatre expéditions, la taxe kilométrique moyenne perçue par le Chemin de fer est de . . . . . 8 c. 44
tandis que celle payée par le public est de . . . . . . 11 c. 13

Encore les exemples précédents s'appliquent-ils à des trajets effectués de bout en bout au tarif du groupage, sans réexpédition. Mais s'il s'agit d'un transport à destination d'une localité où il n'existe pas de groupeur, il y a forcément réexpédition en cours de route. Pour aller, par exemple, de Berlin à Düren, localité située à 50 kilomètres au delà de Cologne, la marchandise de détail ira au tarif du groupage jusqu'à Cologne, et de Cologne à Düren, au tarif général des expéditions partielles. Dans ce cas, et d'après le deuxième alinéa du paragraphe IV des statuts, la taxe payée par le public s'établit comme suit :

Taxe d'expérience jusqu'à Cologne	34^{mks},30
Frais de réexpédition à Cologne	7 ,00
Tarif des expéditions partielles de Cologne à Düren . .	7 ,50
Soit pour la taxe de transport de Berlin à Düren .	48^{mks},80
Frais à Berlin	3 ,50
Total	52^{mks},30
Le tarif des expéditions partielles de Berlin à Düren étant de	68^{mks},10
La différence est de.	15^{mks},80
Dont le 1/3, soit	5^{mks},25

Doit être ajouté au total de 52^{mks},30 pour constituer la taxe *minima*, qui est ainsi de 57^{mks},55.

Or dans ce cas le Chemin de fer reçoit :

1° Tarif général des chargements de 10 tonnes de Berlin à Cologne	34^{mks},30
2° Tarif des expéditions partielles de Cologne à Düren.	7^{mks},50
	41^{mks},80

Report. . . . 41^{mk},80

Le tarif des expéditions partielles de Berlin à Düren étant de . . . . 68^{mk},10

La perte du Chemin de fer est de. . . . . 26^{mk},30

Et le gain du public est de 68^{mk},10 — 57^{mk},55, soit. 10^{mk},55

C'est seulement 40 % de la perte du Chemin de fer; le groupeur absorbe donc 60 %.

Les petites localités, qui sont obligées de subir les inconvénients de la réexpédition, sont donc placées de ce chef dans un état d'infériorité vis-à-vis des grandes villes.

Pour mieux faire ressortir les inégalités du tarif des groupeurs, nous indiquons dans le tableau ci-après les prix perçus par ces Commissionnaires pour les expéditions faites entre Berlin et un certain nombre de localités, ainsi que la part de bénéfice laissée au public dans ces transports.

DESTINATIONS	TARIF (PAR TONNE)			BÉNÉFICE	
	des Expéditions partielles	des Groupeurs	des Chargements de 10 tonnes	du PUBLIC	du GROUPEUR
	mk.	mk.	mk.	mk.	mk.
Altkirch	97, »	76, »	53, »	21, »	23, »
Avricourt	92, »	76, »	50,30	16, »	25,70
Bebra	42,90	38,50	23,50	4,40	15, »
Bingen	69.10	54, »	37.80	15.10	16.20
Breslau	37.50	24, »	20,60	13,50	3.40
Coblence	68,80	55, »	37,60	13,80	17,40
Colmar	93, »	71, »	50,80	22, »	20,20
Constance	95.60	78.50	51.60	17,10	26,90
Dickirch	90.60	75. »	49,50	14.40	25,50
Ems	66,50	57, »	36,40	9,50	20,60
Forbach	84.30	69, »	46,10	15,30	22,80
Fribourg	90,20	74.50	48,30	16,50	26,20
Grünau	52,90	44, »	29, »	8.90	15, »
Hambourg	24,90	21.50	18.40	3.40	3,10
Horn	60,60	52, »	33,20	12,60	18,80
Karlsruhe	75.40	60, »	41.20	15,40	18,80
Landau	68,30	64,50	36,60	3,80	27,90
Limbourg	62,70	53, »	34,30	9,70	18,70
Luxembourg	86,70	73, »	47,40	13.70	25,60
Mayence	65,70	51, »	35,90	14,70	15,10
Mézières	90,60	79, »	49,50	11,60	29,50
Metz	91,90	76,50	50.20	15.40	26,30
Münster	50,40	46,50	27.60	13.90	18,90
Nassau	65,60	56,50	35.90	9,10	20.60
Osnabrück	44.80	39,50	24,50	5,30	15, »
Salzbourg	89,30	70, »	47,60	19,30	22.40
Stettin	17, »	13,20	9,40	3,80	3,80
Strasbourg	85,60	60, »	46,80	25,60	13,20
Trèves	81, »	64,50	44,30	15,50	20,20
Ulm	78,70	65, »	42, »	13.70	23, »
Weimar	29,40	28,50	16,10	0,90	12.40
Worms	68,70	54, »	37,60	14.70	16,40

Dans ce tableau, on a mis en italique les localités pour lesquelles la part du public est supérieure à celle de l'intermédiaire : elles sont rares, et dans la plupart des cas le bénéfice de l'expéditeur varie entre la moitié et le quart de la perte subie par le Chemin de fer.

Les tarifs qui viennent d'être indiqués ne s'appliquent qu'au départ de Berlin. Dans les autres localités, ils sont généralement plus élevés, parce que les maisons de groupage ont moins de facilité pour réunir des chargements complets et que la concurrence est moindre. Les tarifs du groupage varient donc selon l'importance des localités et même suivant le sens du trafic.

Cela est si vrai, qu'entre deux mêmes points, le prix du transport au tarif du groupage présente souvent une différence considérable, selon que le trajet est effectué dans un sens ou dans l'autre.

C'est ce que montrent les exemples suivants :

1° Entre Aix-la-Chapelle et Berlin (630 kilomètres) :

D'Aix à Berlin. . . .	60mk,50	par tonne.
De Berlin à Aix . . .	48mk,00	—
DIFFÉRENCE. . .	12mk,50	ou 26 %.

2° Entre Cologne et Berlin (551 kilomètres) :

De Cologne à Berlin. .	37mk,00	par tonne.
De Berlin à Cologne. .	40mk,00	—
DIFFÉRENCE. . .	3mk,00	ou 8 %.

3° Entre Mannheim à Berlin (617 kilomètres) :

De Mannheim à Berlin.	42mk,00	
De Berlin à Mannheim.	55mk,50	
DIFFÉRENCE. . .	13,mk50	ou 32 %.

On a souvent protesté en France contre la non-réciprocité des tarifs spéciaux. On voit que le groupage a des effets qui donnent prise à la même critique.

Les divers tarifs que nous venons d'examiner comprennent la rémunération des services suivants : établissement des écritures, chargement des marchandises au départ et déchargement à l'arrivée.

Il nous reste à parler des taxes que perçoivent les groupeurs pour les diverses opérations accessoires :

1° *Camionnage.* — Le paragraphe II de la convention du Syndicat de Berlin est ainsi conçu :

« Les frais de camionnage du domicile des expéditeurs au « Chemin de fer doivent être comptés à raison de 5 marks par « 1,000 kilos, avec minimum de 0m,25 pour 50 kilos entamés. « Dans le cas où les tarifs de transport portés à la connaissance « du public comprennent les frais de camionnage, on doit ajouter « dans l'établissement des prix, au moins 5 marks par tonne à la « taxe minima calculée comme il a été dit au paragraphe IV. »

Ce prix de 5 marks par tonne est le double de celui que prend le Chemin de fer pour les marchandises camionnées par ses soins. Il y a donc là un élément important de bénéfice pour le groupeur qui se réserve de prendre à domicile toutes les marchandises expédiées en groupage.

Pour la remise à domicile, le tarif du camionnage est abaissé à 4 marks par tonne, avec un minimum de 0m,10 pour les 25 premiers kilos.

2° *Assurance.* — On sait qu'à défaut d'assurance, la responsabilité des Administrations de Chemins de fer allemandes est limitée à un maximum de 1 pf. 50 par kilog., et que ces Administrations perçoivent une taxe supplémentaire *ad valorem* de 1/10e par mille pour les marchandises assurées.

D'après l'article 17 des Statuts du Syndicat de Berlin, la prime minima à percevoir par les groupeurs est de 1/6e par mille jusqu'à une distance de 300 kilomètres et de 1/3 au delà. En fait ce minimum est généralement dépassé, et la taxe des commissionnaires est en moyenne de 1/4 par mille.

Les groupeurs motivent leur majoration de taxe par les risques supplémentaires auxquels sont exposées les marchandises de groupage du fait de leur manipulation et de leur séjour dans les magasins des Commissionnaires.

3° *Divers.* — Les frais des diverses opérations accessoires, telles que bâchage, pesage, emploi des grues de chargement, etc., doivent, d'après l'article 16 des Statuts, être comptés au public au moins pour le même prix que celui demandé par le Chemin de fer pour les mêmes opérations. L'article 15 stipule que d'une manière générale, aucune opération ne doit être accomplie gratuitement, ni donner lieu à remboursement ou compensation d'aucune sorte, à moins que le groupeur n'y soit obligé aux termes du droit.

Les renseignements qui précèdent montrent l'importance de l'industrie du groupage en Allemagne et ses effets sur les conditions de transport des marchandises de détail.

Il est d'ailleurs assez difficile de chiffrer exactement l'importance du groupage et son influence sur la taxe moyenne payée par le public. Une récente étude (1) a évalué le tonnage des marchandises groupées par les Commissionnaires à un million de tonnes environ et la diminution apparente de taxe moyenne qui en résulte à 0 c. 026. Mais il faut remarquer que ces chiffres, qui sont ceux de la statistique des Chemins de fer allemands, ne comprennent que les expéditions faites par les groupeurs au tarif général A^1 ou B : lorsqu'en effet ces commissionnaires peuvent profiter d'un tarif spécial en groupant plusieurs expéditions de ferronnerie, par exemple, cette expédition figure, dans la statistique du Chemin de fer, comme ferronnerie et non comme groupage. De ce chef, un certain nombre d'expéditions faites par les groupeurs échappent à la statistique.

On peut d'ailleurs avoir une idée de l'action du groupage d'après d'autres considérations.

---

(1) *Revue générale des Chemins de fer*, Janvier 1890.

On constate que sous l'ancien régime de tarification de l'Allemagne, c'est-à-dire avant 1876, les transports se répartissaient ainsi (1):

Expéditions partielles.	9 %.
Wagons complets de 5,000 kilog.	33 %.
— 10,000 kilog.	58 %.

Tandis qu'ils se divisent, depuis le nouveau régime qui a donné naissance au groupage, de la manière suivante :

Expéditions partielles.	5 %.
Wagons complets de 5,000 kilog.	3 %.
— 10,000 kilog.	92 %.

Il y a donc eu une réduction de près de moitié des expéditions par wagon complet de 5,000 kilog. Il est vrai que l'industrie du groupage n'est pas seule responsable de ce phénomène et qu'il faut l'attribuer aussi partiellement aux efforts du commerce allemand, qui s'ingénie à former des chargements de wagon de 10,000 kilogrammes pour bénéficier des tarifs très réduits prévus pour les envois faits avec cette condition de tonnage. Mais il n'en est pas moins vrai que le groupage y a un effet considérable qui relève, dans une mesure importante, la taxe moyenne accusée par la statistique du Chemin de fer.

(1) Comptes rendus des Chemins de fer de l'État prussien, 1876 et 1884.

Annexe B

NOTE

Sur l'Application des Articles 11, 12 et 14 de la Proposition de loi

Il n'est pas inutile de faire ressortir, par quelques exemples, quelles seraient les conséquences des articles 11, 12 et 14 de la proposition de loi présentée par M. Pelletan, au point de vue de la difficulté de taxation et des embarras que le système préconisé par l'honorable député imposerait aux expéditeurs qui ne pourraient se reconnaître au milieu d'un dédale de complications.

La Compagnie du Midi a procédé à ce travail pour certaines expéditions de ce Réseau.

Prenons comme premier exemple celui d'une taxe très facile à établir aujourd'hui, celle d'une marchandise de 1re série expédiée d'Orthez à Moissac, parcours sur lequel aucun tarif spécial n'est applicable aux marchandises de 1re série.

La distance d'Orthez à Moissac étant de 278 kilomètres, le tarif général donne actuellement pour ce parcours (Barème de 1re série). . . . . Fr. 44.50

Frais de manutention. 1.50

Total par tonne. . . . . . Fr. 46. »

Cette taxe est certainement exacte; sous le régime de la loi nouvelle, il faut procéder à une série de tâtonnements; examiner quels sont les tarifs applicables sur Moissac ou dans la direction de Moissac, au départ des ports, tels que Bordeaux, Cette, ou des points-frontière, tels que Cerbère et Hendaye.

On remarque tout d'abord que le tarif général édicte, sur la ligne de Cette, pour les marchandises de 1re série, des prix plus réduits que sur les autres lignes du Réseau. Il en résulte que l'expéditeur d'Orthez peut avoir intérêt à utiliser l'une des taxes de Bordeaux, de Cette ou d'Agde à Moissac. D'Agde à Moissac, la distance est de 275 kilomètres et la 1re série du tarif général de la ligne de Cette donne, pour ce parcours, une taxe de 38 fr. 50 + 1 fr. 50 = 40 fr.

En vertu des articles 11 et 12, l'expéditeur d'Orthez a le droit d'en revendiquer le bénéfice sur 275 kilomètres, il s'ensuit que la taxe d'Orthez à Moissac (278 kilomètres) peut être établie comme suit :

Pour 275 kilomètres	Fr.	40. »
3 kilomètres × 0 fr. 16 c. = 0 fr. 48 c., ou en arrondissant		0.50
Frais accessoires		0.75
Total	Fr.	41.25

Cette seconde taxe est plus économique que celle de 46 francs, mais il faut encore examiner les tarifs communs pour appliquer, s'il y a lieu, l'article 14.

Supposons que la marchandise de 1re série à expédier d'Orthez à Moissac soit de la lingerie. Cette marchandise figure à la 1re série des tarifs internationaux S. n°s 49, 30, 30 *bis*, 30 *ter*.

Le tarif S. n° 49 renferme un prix de 89 francs de Castellon à Montauban, dans lequel la part du Midi est de 34 fr. 40 pour le parcours de Cerbère à Montauban (304 kilomètres.)

D'Orthez à Montauban (307 kilomètres), l'expéditeur pourrait donc réclamer la taxe suivante :

Sur 304 kilomètres. Fr.	34.40	comme de Cerbère à Montauban.
Sur 3 kilomètres (3 × 0 fr. 16 c.) = . . .	0.50	en arrondissant.
Frais accessoires et soudure	0.95	
Total par tonne.	35.85	

Moissac, étant intermédiaire sur le parcours d'Orthez à Montauban, peut bénéficier de la même taxe de 35 fr. 85.

En examinant maintenant les tarifs S. n°s 30, 30 *bis* et 30 *ter*, nous remarquons que le tarif S. n° 30 *bis* édicte de Lisbonne à Montauban un prix de 144 francs, dans lequel la part du Midi est de 34 fr. 56 c. pour le parcours d'Hendaye à Montauban (406 kilomètres.) D'après l'article 14 du projet de loi, la taxe de la lingerie d'Orthez à Montauban (307 kilomètres) ne pourrait pas être supérieure à 34 fr. 56 c., et il en serait de même pour le parcours intermédiaire d'Orthez à Moissac.

La taxe de 34 fr. 56 c. est la plus réduite que nous ayons trouvée pour l'expédition dont il s'agit. Cette taxe, comme on le voit, est inférieure de 11 fr. 44 c. à celle du tarif général, 46 francs.

Supposons que la marchandise de 1re série à expédier d'Orthez à Moissac soit, au lieu de lingerie, du beurre demi-sel. Cette dernière marchandise figurant à la 2me série des tarifs à six séries, la taxe de 34 fr. 56 c. indiquée plus haut ne serait plus applicable ; ce serait celle de 28 fr. 83 c. représentant notre part dans le prix de la 2me série du tarif S. n° 30 *bis* de Lisbonne à Montauban.

S'il s'agissait de balances en fer, marchandise rangée en 1re série par notre classification, mais figurant à la 5me série des tarifs à six séries, la taxe applicable d'Orthez à Moissac ne serait ni de 34 fr. 56 c., ni de 28 fr. 83 c., mais bien de 18 fr. 58 c., part

Midi dans le prix de 5me série du tarif S. n° 30 *bis* de Lisbonne à Montauban.

Ces exemples démontrent que sous le régime de la loi projetée, le tarif général deviendrait lettre morte pour toutes les marchandises de 1re série, expédiées sur Moissac, dans un rayon de 375 kilomètres, représentant la distance d'Hendaye à Moissac. Mais cette situation n'est pas particulière à Moissac. Il en serait de même pour Castelsarrasin, Lavilledieu, Montauban, ou en remontant vers Agen pour Malause, Valence-d'Agen, etc., en un mot, pour tous les intermédiaires appelés à profiter des prix de Lisbonne à Montauban, édictés par le tarif S. n° 30 *bis*.

Si l'on remarque que le même tarif contient encore des prix très réduits de Lisbonne à Bayonne, Dax, Arcachon, Bordeaux, Agen, Pau, Tarbes, Saint-Girons, Toulouse, Castelnaudary, Castres, Tarascon (Ariège), Auch et Mont-de-Marsan, on conçoit que la tarification de 1re série pour l'ensemble des destinations situées dans la partie ouest de notre Réseau serait complètement bouleversée. La même perturbation serait apportée à cette tarification pour les marchandises de 1re série expédiées sur la région Est de notre Réseau, en raison des prix réduits du tarif S. 49, édictés de Castellon à Cette, Lodève, Bédarieux, Millau, Carcassonne, Limoux, etc.

De nombreux exemples, réunis dans le tableau (1) annexé à la présente Note, donnent une idée de ce que deviendraient les taxes de 1re série sous le régime du projet de loi qui nous occupe.

Nous aurions pu donner des tableaux analogues pour les marchandises des autres séries du tarif général avec cette complication de plus qu'un grand nombre de celles-ci sont saisies par des tarifs spéciaux.

---

(1) Les taxes ont été calculées, dans ce tableau, en supposant que le barème projeté pour la 1re série de nos nouveaux tarifs généraux était en vigueur.

EXEMPLE : *Taxe d'une tonne de cordes ou cordages de Tonneins à Agde : 357 kilomètres.*

Si l'expéditeur ne réclame pas le tarif le plus réduit, la marchandise appartenant à la 2e série du tarif général serait taxée à raison de . . . . 35 fr. 70 c. + 1 fr. 50 c. = 37 fr. 20 c.

Si l'expéditeur réclame le tarif le plus réduit, la taxe ressort par application du tarif spécial P. n° 1, à . . . . 32 fr. 42 c.

Mais les cordes et cordages sont rangés dans la 4e série du tarif international à six séries S. 49; ils paient conséquemment, de Castellon à Cette (et par conséquent à Agde), 42 francs par tonne. Or, dans ce prix, la part Midi, pour le parcours de Cerbère à Cette, est de 11 fr. 65 c., frais de manutention compris. L'expéditeur de Tonneins peut donc revendiquer cette taxe sur un parcours de 151 kilomètres, égal à celui de Cerbère à Agde et, conséquemment, la taxe s'établirait comme suit :

Demi-manutention au départ	Fr.	0.75
De Tonneins à Toulouse, P. n° 1, 161 kilomètres × 0 fr. 08 c. — . . .		12.88
Soudure.		0.40
De Toulouse 196k — 151k — 45 × 0 fr. 09 c.) —		4.05
Soudure au P. n° 1.		0.20
Parcours de 151 kilomètres jusqu'à Agde (manutention comprise). .		11.65
TOTAL.	Fr.	29.93

Mais cette dernière taxe n'est pas la plus réduite, car le tarif international à six séries, S n° 33, édicte un prix de 49 francs de Castellon à Marseille pour les cordes et cordages expédiés sans condition de tonnage ; dans ce prix, la part Midi, pour le parcours de Cerbère à Cette-transit (et conséquemment à Agde), est de 10 fr. 20 c. seulement. C'est donc cette dernière qu'il y aurait lieu de substituer à celle de 11 fr. 65 c. dans le calcul précédent, en sorte

que la taxe réelle serait *vraisemblablement* celle que nous avons trouvée plus haut . . . . 29 fr. 53 c.
diminuée de la différence entre 11 fr. 65 c. et 10 fr. 20 c. 1 . 45

Soit. . . . . 28 fr. 08 c.

Prenons encore un autre exemple :

Supposons un envoi de *3 t. 900* de *suif fondu ou pressé* de Mont-de-Marsan à Cette-transit.

Cette marchandise est en 3ᵉ série du tarif général et serait taxée aujourd'hui à raison de 42 fr. 25 c. + 0 fr. 95 c. = 43 fr. 20 c. par 1,000 kilogr.

Sous le régime des articles 11, 12 et 14 du projet de loi, il n'en serait plus ainsi :

Le tarif S nᵒ 30 *bis* et le tarif S nᵒ 33 rangent les suifs en 4ᵉ série sans condition de tonnage, et en 5ᵉ série par envoi de 5,000 kilogr.

Or, le tarif S nᵒ 30 *bis* édicte, de Lisbonne à Castelnaudary, pour les 4ᵉ et 5ᵉ séries dont il s'agit, des prix de 92 francs et de 77 francs dans lesquels les parts Midi sont respectivement de 22 fr. 16 c. et de 18 fr. 58 c., pour un parcours de 406 kilomètres. La distance de Mont-de-Marsan à Castelnaudary n'étant que de 291 kilomètres, la taxe des suifs ne saurait être supérieure, soit à 22 fr. 16 c., soit à 18 fr. 58 c., frais de manutention compris, selon qu'il y a avantage d'appliquer aux 3 t. 900 la taxe par tonne sans condition de tonnage ou celle afférente aux envois de 5,000 kilogr.

D'autre part, le tarif S nᵒ 33 édicte de Castellon à Marseille, pour la même marchandise, savoir :

Le prix de 49 francs (4ᵉ série, frais de manutention compris), pour les envois sans condition de tonnage et celui de 45 francs (5ᵉ série, frais de manutention compris), pour les envois de 5,000 kilogr.

Or, les parts Midi, sur le parcours de Cerbère à Cette, 180 kilomètres, sont respectivement de 10 fr. 20 c. et de 9 fr. 35 c. par tonne, et comme la distance de Castelnaudary à Cette est inférieure à 180 kilomètres, l'expéditeur de Mont-de-Marsan a le droit de réclamer l'application de ces taxes sur le parcours de Castelnaudary à Cette.

En sorte que les taxes s'établiraient ainsi :

	Sans condition de tonnage.		Envoi de 5.000 kil.
De Mont-de-Marsan à Castelnaudary (S. 30 *bis*). .	22f.46.	. .	18f.58
De Castelnaudary à Cette-transit . . (S. 33). . .	10.20.	. .	9.35
Totaux.	32f.36	. .	27f.93

Mais la taxe de 32 fr. 36 c., pour les envois sans condition de tonnage, n'est pas la plus réduite. En effet, de Bordeaux à Cette, le tarif général, 3e série, donne, pour les suifs expédiés par envois de plus de 300 kilogrammes, la taxe suivante :

Demi-manutention au départ.	0f.75
3me série de Bordeaux-Saint-Jean à Cette-transit. . . .	28.75
Transmission Midi à Cette.	0.20
Pour 480 kilomètres. . . .	29f.70

Bordeaux étant un port de mer, tous les envois sur Cette, au départ de points situés au plus à 480 kilomètres de Cette, ont le droit de bénéficier de la taxe de 29 fr. 70 c.; Mont-de-Marsan n'étant qu'à 454 kilomètres de Cette-transit, cette taxe devient applicable; or :

$$29^{f}.70 \times 3\text{ t}.900 = 115^{f}.83$$
$$27.93 \times 5\text{ t}.000 = 139.65$$

La taxe résultant du tarif de Bordeaux à Cette est donc la plus économique. Mais pour arriver à cette constatation, il faut s'imposer de minutieuses recherches qui exigeraient de longues heures de travail, même aux agents spéciaux les plus expérimentés.

Il est évident que, dans ces conditions, il deviendrait impossible pour les agents des Compagnies de taxer exactement, et, pour le public, de connaitre les taxes qu'il pourrait revendiquer. Les négociants et les industriels seraient donc forcément amenés à recourir, dans tous les cas, aux agences de détaxe.

Il est vrai que dans l'hypothèse de la suppression des tarifs communs internationaux, les difficultés seraient, dans une certaine mesure, diminuées, mais elles resteraient encore sérieuses. On vient de voir, en effet, que la taxe des suifs, de Mont-de-Marsan à Cette-transit, résulterait de la taxe de 3e série de Bordeaux à Cette.

De même, la taxe des cordes et cordages de Tonneins à Mazamet (228 kilomètres), qui s'établit aujourd'hui comme suit :

Demi-manutention au départ.	0f.75
De Tonneins à Montauban, 110 kilom. × 0f.08 (P. 1). .	8.80
Soudure.	0.40
Montauban à Mazamet, 2me série.	16.50
Demi-manutention.	0.75
Total.	27f.20

se trouverait ramenée à 25 fr. 81 c.

En effet, la taxe de La Nouvelle à Mazamet en 2e série (186 kilomètres) est de 20 fr. 55 c.. L'expéditeur de Tonneins a donc le droit de réclamer le bénéfice de cette taxe sur 186 kilomètres à partir de Mazamet; il reste donc 228 — 186 = 42 kilomètres à taxer au départ de Tonneins; mais ces 42 kilomètres, étant situés entre Tonneins et Montauban, bénéficient de la taxe à 0 fr. 08 c., prévue par le tarif spécial P. n° 1, en sorte que la taxe suivante peut être revendiquée par l'expéditeur :

Demi-manutention au départ.	0f.75
De Tonneins sur 42 kilomètres à 0.08.	3.36
Soudure.	0.40
Parcours restant à taxer : 186 kilomètres :	
Taxe de 2me série de La Nouvelle à Mazamet.	20.55
Demi-manutention à l'arrivée.	0.75
Total.	25f.81

On voit, par ce dernier exemple, combien l'établissement des taxes resterait encore compliqué, malgré la suppression des tarifs communs à six séries franco-espagnols (1), et à combien d'erreurs les agents taxateurs et le public seraient exposés.

---

(1) Les tarifs à six séries franco-espagnols S. n°s 29 et 30, 29 *bis* et 30 *bis*, 33 et 49, ont été établis et ne sont guère utilisés que pour l'introduction dans la Péninsule des produits français. Il a fallu les rendre réciproques, car autrement les Espagnols n'auraient pas consenti à y adhérer. On ne saurait les remplacer par des tarifs d'exportation sur Irun ou Port-Bou, sans faire passer une partie de la recette qui nous est acquise aux mains des Compagnies espagnoles. Exemple : une tonne d'articles de Paris paye 180 francs de Paris à Madrid, en vertu du tarif commun S. 29. Or, d'Irun à Madrid, le Norte taxe les articles de Paris à raison de 89 francs la tonne, tandis que la répartition du prix de 180 francs ne lui alloue que 79 francs. Ce serait donc 10 francs par tonne que gagnerait le Norte et que devraient sacrifier les Compagnies du Midi et d'Orléans pour maintenir aux articles de Paris leur situation actuelle sur le parcours de Paris à Madrid.

CHEMINS DE FER DU MIDI

EXEMPLES indiquant combien, dans l'hypothèse de l'Application

des Articles 11, 12 et 14 de la Proposition de Loi,

la TARIFICATION serait profondément bouleversée

MARCHANDISES	SÉRIE du TARIF GÉNÉRAL	PARCOURS	KILOMÈTRES	TAXES PAR 1,000 KILOGS TARIFS NOUVEAUX GÉNÉRAUX et SPÉCIAUX	TARIFS résultant des articles 11, 12 et 14 du Projet de loi	OBSERVATIONS Sur les Taxes résultant de l'Application des articles 11, 12 et 14 de la Proposition.
1re Série des TARIFS COMMUNS à 6 séries.						
				fr. c.	fr. c.	
Agrafes		**Toulouse à Bordeaux**	237	40,30	22,60	S 30 *bis*. — **D'Hendaye à Bordeaux**
Aiguilles à coudre, à tricoter						(236 kil.) . . . . 18f,30.
Albâtre ouvré						18f,30 + 21k × 0f,16 + 0f,95 = 22f,60
Ambre						
Armes		**Agen à Tarbes**	148	25,20	15,42	S 30 *bis*. — **D'Hendaye à Tarbes** (190 kil.). 15f,42
Articles d'industrie parisienne						
Baleines ouvrées		**Montréjeau à Pau**	112	19,40	11,02	S 30 *bis*. — **D'Hendaye à Pau** (140 kil.). . 11f,02
Bimbeloterie						
Bonneterie		**Saint-Girons à Castres**	204	34,15	28,65	S 40. — **De Cerbère à Castres** (253 kil.). . 28f,65
Bourrellerie						
Brosserie	1re Série					
Cannes		**Bordeaux à Lourdes**	267	44,20	28,17	S 30 *bis*. — **De Bordeaux à Tarbes** (240 kil.) 23f,87
Cartes géographiques						**D'Hendaye à Tarbes** (190 kil.).
Cartonnages						15f,42 + 47k × 0f,16 + 0f,95 = 23f,87
Châles						**De Tarbes à Lourdes**
Chapeaux de paille						21k × 0f,16 + 0f,95 = 4f,30
Chaussures						28f,17
Cochenille						
Confiserie						
Confitures		**Mont-de-Marsan à Foix**	305	50,30	30,53	S 30 *bis*. — **D'Hendaye à Foix** (412 kil.) . . 30f,53
Corail						comme pour **Tarascon**.
Coutellerie						
Coutils		**Bédarieux à Marmande**	317	52,20	30,35	S 30 *bis*. — **D'Hendaye à Marmande**
Dattes						(312 kil.) 28f,60
Droguerie						comme pour **Agen**.
Écaille						La taxe est donc de :
Effets à usage						28f,60 + 5k × 0f,16 + 0f,95 = 30f,35

MARCHANDISES	SÉRIE du TARIF GÉNÉRAL	PARCOURS	KILOMÈTRES	TAXES PAR 1,000 KILOG^s TARIFS NOUVEAUX GÉNÉRAUX et SPÉCIAUX	TARIFS résultant des articles 11, 12 et 14 du Projet de loi	OBSERVATIONS Sur les Taxes résultant de l'Application des articles 11, 12 et 14 de la Proposition.
1re Série des **TARIFS COMMUNS** à 6 séries. *(Suite)*				fr. c.	fr. c.	
Étoffes de coton, de laine, de lin, de soie.	1re SÉRIE	**Albi-Orléans à Auch** . .	242	40,20	21,68	S 30 *bis.* — **D'Hendaye à Auch** (277 kil.). . 21^f,68
Foies de canard ou d'oie.						
Fourrures.		**Cette-Ville à Toulouse**. .	220	35,30	28,15	S 49. — **De Cerbère à Toulouse** (253 kil.). 28^f,15
Fromages frais.						
Ganterie.		**Prades à Carcassonne**. .	161	27,25	17,90	S 49. — **De Cerbère à Carcassonne** (162 kil.) 17^f,90
Horlogerie.						
Indiennes.						
Lampisterie.		**Pau à Dax**.	85	15,10	7,33	S 30 *bis.* — **D'Hendaye à Dax** (88 kil.). . . 7^f,33
Librairie.						
Lingerie.		**Narbonne à Bordeaux**. .	407	61,50	46,29	S 30 *bis.* — **D'Hendaye à Bordeaux** (236 kil.). . . . . . . 18^f,39 La taxe est de 18^f,39 + la taxe au barême de 1re série de la ligne de **Cette** sur 171^k + 0^f,95 = 46^f,29
Literie.						
Mercerie.						
Miroirs.						
Objets de collection . .						
Objets manufacturés. . .						
Papeterie.						
Parfumerie.		**Mont-de-Marsan à Pau** .	159	26,95	15,02	S 30 *bis.* — **D'Hendaye à Pau** (140 k.) 11^f,02 La taxe est de 11^f,02 + 19^k × 0^f,16 + 0^f,95 = 15^f,02
Passementerie.						
Peausserie						
Soieries						
Tabletterie.		**Prades à Lodève**	205	34,30	21,20	S 49. — **De Cerbère à Lodève** (207 kil.). . 21^f,20
Tapisserie						
Vanille.		**Montpellier à Limoux**. .	199	33,35	23,85	S 49. — **De Cerbère à Limoux** (188 k.) 21^f,15 La taxe est de 21^f,15 + 14^k × 0^f,16 + 0^f,95 = 23^f,85
Velours						
Vêtements confectionnés .						

MARCHANDISES	SÉRIE du TARIF GÉNÉRAL	PARCOURS	KILOMÈTRES	TAXES PAR 1.000 KILOG^s TARIFS nouveaux généraux ou spéciaux	TARIFS résultant des articles 11, 12 et 14 du Projet de loi	OBSERVATIONS Sur les Taxes résultant de l'Application des articles 11, 12 et 14 de la Proposition.
2e SÉRIE des **TARIFS COMMUNS** A 6 SÉRIES.				fr. c.	fr. c.	
		Montauban à **Bordeaux**.	206	33,35	16,84	S 30 *bis*. — D'**Hendaye** à **Bordeaux** (236 kil.) 16^f,84
		Prades à **Béziers**. . . .	130	22,30	16,55	S 49. — De **Cerbère** à **Béziers** (131 kil.) . . 16^f,55 comme pour **Cette-transit**.
		Bayonne à **Agen**	313	51,60	25,44	S 30 *bis*. — D'**Hendaye** à **Agen** (346 kil.). . 25^f,44
Absinthe en balles. . . . Acajou en feuilles. . . . Appareils à gaz. . . . Beurre demi-sel. . . . . Bleu d'azur, d'outre-mer. Bleu de Prusse. . . . . Broches pour filatures. . Buis en rameaux. . . . . Cannelle. . . . . Caractères d'imprimerie. Cardes. . . . . Chinois. . . . . Chocolat. . . . . Cire à cacheter. . . . Cotonnades. . . . . . . Couleurs fines. . . . . Couverture de laine. . . Draperie. . . . . Épingles. . . . . Flanelle. . . . . Fleurs médicinales. . . . Gélatine. . . . . Indigo. . . . . Jujube. . . . . Levûre fraîche. . . . . . Manches de fouets (dits Perpignan). . . . . . Molletons. . . . . Moutarde préparée. . . . Noix vomique. . . . . . Outils non dénommés . . Présure. . . . . Produits chimiques non dénommés. . . . . . Quincaillerie. . . . . . Rhubarbe. . . . . Rouennerie.	1re SÉRIE.	**Pau** à **Mont-de-Marsan** .	159	26,95	11,84	S 30 *bis*. — D'**Hendaye** à **Mont-de-Marsan** (165 kil.) . . . . 11^f,84
		Bordeaux à **Saint-Girons**.	355	56,35	20,36	S 30 *bis*. — D'**Hendaye** à **Saint-Girons** (322 kil.). . . . . . . 23^f,11 La taxe est de 23^f,11 + 33^k × 0^f,16 + 0^f,95 = 20^f,36
		Dax à **Bayonne**.	51	9,65	6,76	S 30 *bis*. — D'**Hendaye** à **Bayonne** (38 kil.). . . . . 3^f,71 La taxe est de 3^f,71 + 13^k × 0^f,16 + 0^f,95 = 6^f,76
		Morcenx à **Biarritz**. . .	99	17,35	13,00	S 30 *bis*. — De **Morcenx** à **Saubusse** (54 kil.) . . . . 6^f,75 De **Saubusse** à **Bayonne** (36 kil.). . . . . 3^f,71 De **Bayonne** à **Biarritz** 10^k × 0^f,16 + 0^f,95 = 2^f,55 13^f,00
		Perpignan à **Millau**. .	207	34,60	24,60	S 49. — De **Cerbère** à **Millau** (249 kil.). . . 24^f,60
		Bédarieux à **Limoux** . .	154	26,15	18,90	S 49. — De **Cerbère** à **Limoux** (188 kil.) . . 18^f,90
		Langon à **Carcassonne**. .	306	47,35	40,15	S 49. — De **Cerbère** à **Carcassonne** (162 kil.). . . . . . . 16^f,15 La taxe est de 16^f,15 + 144^k × 0^f,16 + 0^f,95 = 40^f,15
		Pau à **Toulouse**.	216	36,05	24,35	S 49. — De **Cerbère** à **Toulouse** (353 kil.). 24^f,35
		Bayonne à **Toulouse** . .	322	53, »	25,93	S 30 *bis*. — D'**Hendaye** à **Toulouse** (355 kil.) 25^f,93

MARCHANDISES	SÉRIE du TARIF GÉNÉRAL	PARCOURS	KILOMÈTRES	TAXES PAR 1,000 KILOGs — TARIFS NOUVEAUX GÉNÉRAUX ou SPÉCIAUX	TARIFS résultant des articles 11, 12 et 14 du Projet de loi	OBSERVATIONS Sur les Taxes résultant de l'Application des articles 11, 12 et 14 de la Proposition.
2e SÉRIE des **TARIFS COMMUNS** A 6 SÉRIES. *(Suite)*				fr. c.	fr. c.	
Serrurerie Tapis Tartans Vermillon Verrerie fine Vetyver	1re SÉRIE	**Oloron - Sainte - Marie à Moissac**	273	45,23	28,83	S 30 *bis*. — D'**Hendaye** à **Moissac** (375 kil.) comme pour **Montauban**. 28f,83
		Agde à Castelsarrazin	266	41,75	28,83	S 30 *bis*. — D'**Hendaye** à **Castelsarrazin** (385 kil.) comme pour **Montauban**. 28f,83
		Perpignan à Carcassonne	120	20,70	16,15	S 19. — De **Cerbère** à **Carcassonne** (162 kil.). 16f15
3e SÉRIE des **TARIFS COMMUNS** A 6 SÉRIES.						
Balances en cuivre Blanc de baleine Boissellerie Bougies en paquet Caoutchouc ouvré Cire blanche Cloches en métal Colle de poisson Copahu Copal Ferblanterie Feutre Gomme copal Gomme laque Gutta-percha ouvrée Houblon Lames de scie Laque Lichen Mèches de coton Scies Sonnettes Sparterie Verroterie	1re SÉRIE	**Tarbes à Pau**	60	11,10	8,87	S 30 *bis*. — D'**Hendaye** à **Pau** (140 kil.). 8f,87
		Cette-Ville à Bordeaux	476	71,15	42,75	S 49. — De **Cerbère** à **Bordeaux** (509 kil.). 42f,75
		Tarbes à Agen	148	25,20	22,28	S 30 *bis*. — D'**Hendaye** à **Agen** (346 kil.). 22f,28
		Villemur à Bordeaux	231	37,35	14,53	S 30 *bis*. — D'**Hendaye** à **Bordeaux** (236 kil.) 14f,53
		Mont-de-Marsan à Toulouse	236	39,25	22,60	S 49. — De **Cerbère** à **Toulouse** (253 kil.). 22f,60
		Saint-Martin-d'Oney à Toulouse	249	41,35	22,70	S 30 *bis*. — D'**Hendaye** à **Toulouse** (355 kil.) 22f,70
		Carcassonne à Lodève	160	27,10	17,90	S 49. — De **Cerbère** à **Lodève** (207 kil.). 17f,90
		Bagnères-de-Bigorre à Mont-de-Marsan	121	20,85	10,26	S 30 *bis*. — D'**Hendaye** à **Mont-de-Marsan** (165 kil.). 10f,26
		Bayonne à Castelnaudary	372	60,80	25,26	S 30 *bis*. — D'**Hendaye** à **Castelnaudary** (406 kil.). 25f,26
		Carcassonne à Auch	175	29,50	17,10	S 30 *bis*. — D'**Hendaye** à **Auch** (277 kil.). 17f,10
		Agde à Castres	197	33, »	23,65	S 49. — De **Cerbère** à **Castres** (253 kil.). 23f,65
		Labouheyre à Bayonne	109	18,95	12,41	De **Labouheyre** à **Dax** (59 kil.). 5f,99 S 30 *bis*. — D'**Hendaye** à **Dax** (88 kil.). 5f,99 De **Dax** à **Bayonne**. S 39 *bis*. — D'**Hendaye** à **Bayonne** (38 kil.). 3f37 + 13k × 0f,16 + 0,05 = 6f,42 — 6f,42 12f,41

MARCHANDISES	SÉRIE du TARIF GÉNÉRAL	PARCOURS	KILOMÈTRES	TAXES PAR 1.000 KILOG^s — TARIFS NOUVEAUX GÉNÉRAUX ou SPÉCIAUX	TAXES PAR 1.000 KILOG^s — TARIFS résultant des articles 11, 12 et 14 du Projet de loi	OBSERVATIONS Sur les Taxes résultant de l'Application des articles 11, 12 et 14 de la Proposition.	
4e SÉRIE des **TARIFS COMMUNS** A 6 SÉRIES.				fr. c.	fr. c.		
		Cette-Ville à **Agen** . . .	341	52,25	18,91	S 30 *bis.* — D'Hendaye à **Agen** (346 kil.). .	$18^f,91$
		Pau à **Bordeaux**	233	38,80	13,45	S 30 *bis.* — D'Hendaye à **Bordeaux** (236 kil.)	$13^f,45$
Appareils inodores. . . . Arrow-root. . . . . Arsenic. . . . . Asphodèles . . . . Bablah. . . . . Bambous. . . . . Billes en agate . . . . . Borax raffiné. . . . . . Bourre de soie. . . . . . Café moulu. . . . . . . Coffres-forts. . . . . . . Coriandre. . . . . Curcuma en poudre . . . Émail . . . . Épingles en tonneaux . . Filtres en grès . . . . . Fourneaux économiques . Galoches. . . . . Gomme arabique . . . . Iris en racines. . . . . Mine-orange. . . . . . . Moutarde préparée en fûts Nattes . . . . Salep. . . . . Sandaraque. . . . . . . Saucissons . . . . Thon mariné . . . . . . Tournebroches.	1re SÉRIE	**Tarbes** à **Arcachon**. . .	219	36.55	14,55	S 30 *bis.* — D'Hendaye à **Arcachon** (209 kil.). . . . . 12^f, » La taxe est de $12^f + 10^k \times 0^f,16 + 0^f,95 =$	$14^f,55$
		Port-Vendres à **Millau** .	237	39,40	20,20	S 49. — De **Cerbère** à **Millau** (249 kil.). . .	20.20
		Perpignan à **Toulouse** .	241	35,25	18,80	S 49. — De **Cerbère** à **Toulouse** (253 kil.). .	18.80
		Saint-Flour à **Montauban**	407	66,05	23,26	S 30 *bis.* — D'Hendaye à **Montauban** (406 kil.). . . . . $22^f,16$ La taxe est de $22^f,16 + 1^k \times 0^f,16 + 0^f,95 =$	$23^f,26$
		Bordeaux à **Mont-de-Marsan**.	148	25,20	9,59	S 30 *bis.* — D'Hendaye à **Mont-de-Marsan** (165 kil.)	$9^f,59$
		Agen à **Cette-Ville**. . .	341	52.25	39,70	S 49. — De **Cerbère** à **Cette-Ville**. . $11^f,55$ comme pour **Cette-transit** sur 176 kil. La taxe est de $11^f,65$ + le barème de 1re série de la ligne de **Cette** sur $165^k + 0^f,95 =$	$39^f,70$
		Tarbes à **Pau**.	60	11,10	8,29	S 30 *bis.* — D'Hendaye à **Pau** (140 kil.). . .	$8^f,29$
		Bordeaux à **Tarbes** . . .	246	40,85	19,88	S 30 *bis.* — D'Hendaye à **Tarbes** (199 kil.). . . . . . . $11^f,43$ La taxe est de $11^f,43 + 47^k \times 0^f,16 + 0^f,95 =$	$19^f,88$
		Mont-de-Marsan à **Dax** .	78	14 »	5,61	S 30 *bis.* — D'Hendaye à **Dax** (88 kil.). . .	$5^f,61$

6 novembre 11

MARCHANDISES	SÉRIE du TARIF GÉNÉRAL	PARCOURS	KILOMÈTRES	TAXES PAR 1,000 KILOG TARIFS NOUVEAUX GÉNÉRAUX ET SPÉCIAUX	TAXES PAR 1,000 KILOG TARIFS résultant des articles 11, 12 et 14 du Projet de loi	OBSERVATIONS Sur les Taxes résultant de l'Application des articles 11, 12 et 14 de la Proposition.	
				fr. c.	fr. c.		
5e Série des TARIFS COMMUNS A 6 SÉRIES. Balances en fer. Broches en bois. Couleurs communes en barils. Creusets emballés sans responsabilité. Friperie Jus de citron. Miel roux en fûts Suc de châtaignier. Taillanderie. Tannin.	1re SÉRIE.	Cette-Ville à Bordeaux	476	71,15	30,40	S 49. — De Cerbère à Bordeaux (509 kil.).	30f,40
		Prades à Carcassonne.	161	27,25	11,15	S 40. — De Cerbère à Carcassonne (162 k.)	11f,15
		Castelsarrazin à Tarbes.	189	31,75	9,97	S 30 *bis*. — De Hendaye à Tarbes (199 kil.)	9f,97
		Lugos à Bayonne.	136	23,25	11,06	S 30 bis. — De Lugos à Dax (86 kil.) . . . . D'Hendaye à Dax (88 k.). 5f,04	5f,04
						De Dax à Bayonne (51 kil.) . .	6f,02
						S 30 *bis*. — D'Hendaye à Bayonne (38 kil.) . . . . 2f,97 + 13k × 0f,16 + 0f,95 = 6f,02	
							11f,06
		Bédarieux à Saint-Girons	313	51,60	14,95	S 30 *bis*. — D'Hendaye à St-Girons (322 kil.)	14f,95
		Orthez à Toulouse.	256	42,45	16,90	S 30 *bis*. — D'Hendaye à Toulouse (355 kil.)	16f,90
		Bordeaux à Tarbes.	246	40,85	18,42	S 30 *bis*. — D'Hendaye à Tarbes (199 kil.) . . . . 9f,97 La taxe est de 9f97 + 47k × 0f,16 + 0f,95 =	18f,42
		Agen à Mont-de-Marsan.	217	36,20	17,11	S 30 *bis*. — D'Hendaye à Mont-de-Marsan (165 kil.). . . 8f,46 La taxe est de 8f,46 + 43k × 0f,16 + 0f,95 =	17f,11
		Perpignan à Lodève.	165	27,90	22,05	S 49. — De Cerbère à Lodève (207 kil.). .	22f,05
		Labouheyre à Pau.	144	24,55	8,91	S 30 *bis*. — D'Hendaye à Pau (140 k.). 7f,31 La taxe est de 7f,31 + 5k × 0f,16 + 0f,95 =	8f,91
		Bayonne à Mont-de-Marsan.	128	22, »	8,46	S 30 *bis*. — D'Hendaye à Mont-de-Marsan (165 kil.)	8f,46

Paris. — Imprimerie Ve Éthiou Pérou et Fils, rue de Damiette, 2 et 4.

www.ingramcontent.com/pod-product-compliance
Lightning Source LLC
LaVergne TN
LVHW020024170826
845678LV00001B/105

* 9 7 8 2 3 2 9 7 7 0 2 5 3 *